Jahresgabe 1999
des Franz Steiner Verlags
für seine Autoren

(In anderer Ausstattung
auch im Buchhandel)

BEIHEFTE ZUM
ARCHIV FÜR MUSIKWISSENSCHAFT

HERAUSGEGEBEN VON
HANS HEINRICH EGGEBRECHT
IN VERBINDUNG MIT REINHOLD BRINKMANN,
LUDWIG FINSCHER, KURT VON FISCHER,
WOLFGANG OSTHOFF UND ALBRECHT RIETHMÜLLER

BAND XLIV

FRANZ STEINER VERLAG STUTTGART
1999

DIETER TORKEWITZ

DAS ÄLTESTE DOKUMENT ZUR ENTSTEHUNG DER ABENDLÄNDISCHEN MEHRSTIMMIGKEIT

EINE HANDSCHRIFT AUS WERDEN AN DER RUHR: DAS *DÜSSELDORFER FRAGMENT*

MIT 8 FARBTAFELN

FRANZ STEINER VERLAG STUTTGART
1999

Die Deutsche Bibliothek - CIP-Einheitsaufnahme

[Archiv für Musikwissenschaft]

Beihefte zum Archiv für Musikwissenschaft. - Stuttgart : Steiner.
   Früher Schriftenreihe
   Reihe Beihefte zu: Archiv für Musikwissenschaft
Bd. 44. Torkewitz, Dieter: Das älteste Dokument zur Entstehung der
abendländischen Mehrstimmigkeit. - 1999

Torkewitz, Dieter:

Das älteste Dokument zur Entstehung der abendländischen
Mehrstimmigkeit : eine Handschrift aus Werden an der Ruhr: das
„Düsseldorfer Fragment" / Dieter Torkewitz. - Stuttgart :
Steiner, 1999
   (Beihefte zum Archiv für Musikwissenschaft ; Bd. 44)
   ISBN 3-515-07407-4

ISO 9706

GELEITWORT

Die *Musica enchiriadis* bildete während meiner universitären Lehrtätigkeit in Vorlesungen und Seminaren ein Fundament meiner musikwissenschaftlichen Unterweisung. Es gibt in der abendländischen Musikgeschichte keine Schrift, die das Immergültige des auf Musik gerichteten theoretischen Denkens eindringlicher vermittelt als dieser Traktat, der den Beginn der Wissenschaft und Lehre der mehrstimmigen Musik dokumentiert und dabei, um ihn zu verstehen, ein Höchstmaß an wissenschaftlichem Einsatz verlangt. Die *Musica enchiriadis* - das war ein Punkt in der Geschichte vor tausend Jahren. Aber dieser Punkt ist, gespeist und erfüllt von der griechischen Antike und eingesponnen in den christlichen Kultgesang, der Anfang eines Crescendos bis in unsere Zeit.

Damals rätselten wir herum an der Frage nach dem Entstehungsort und dem Verfasser des Traktats; denn der Historiker möchte wissen, wie sich ein Ereignis in das Gesamtbild der Geschichte einfügt, wie es das Bild mit konkretem Leben erfüllt und wie das Leben das Ereignis erklärt. Aber Gewißheit fanden wir nicht, und so blieb es bis heute.

Einer meiner Schüler in jener Zeit war Dieter Torkewitz. Er hatte - wie man so sagt - „Feuer gefangen" und hat dann nicht nur den geschichtlichen Punkt in seiner zeitlos gültigen Art, Aussage und Bedeutung, sondern auch die ungelöste Frage der örtlichen Entstehung jener mittelalterlichen Lehrschrift in sich getragen bis dorthin, wo er - quasi in seiner eigenen Biographie - mit ihr in Berührung kam. Dieter Torkewitz ist Professor für Musiktheorie an der Folkwang-Hochschule für Musik, Theater und Tanz in Essen-Werden. Und es gab schon seit längerer Zeit Hinweise darauf, daß die Abtei Werden an der Ruhr mit der Entstehung der *Musica enchiriadis* einen Zusammenhang haben könnte - jene als Kulturzentrum in hohem Grade bedeutsame benediktinische Klosteranlage, die in diesem Jahr auf ihr tausendzweihundertjähriges Bestehen zurückblickt und in deren wiedererrichteten Gebäuden seit 1945 die Folkwang-Hochschule ihre Heimstätte hat.

Mit philologischer Gründlichkeit und geradezu kriminalistischem Scharfsinn hat Dieter Torkewitz den Zusammenhang der *Musica enchiriadis* mit der Abtei Werden dahingehend erhellt und erhärtet, daß mit an Sicherheit grenzender Wahrscheinlichkeit jene berühmte Abtei als Entstehungsort und der gegen Ende des 9. Jahrhunderts dort wirkende Abt Hoger als der Verfasser oder Initiator des Traktats zu gelten hat. In seiner nun vorliegenden Veröffentlichung hat er den Quellenbefund offengelegt, das Umfeld abgesteckt, die frühest erhaltene Handschrift des Traktats, das „Düsseldorfer Fragment", ediert und als farbiges Faksimile zugänglich gemacht und zugleich den Inhalt, die Aussage und die geschichtliche Bedeutung dieser *Musica* aufs neue interpretiert.

Diese Leistung begrüße ich, und ich bewundere sie und ich wünsche ihr eine Ausstrahlung weit über das Werdener Jubiläum hinaus.

Hans Heinrich Eggebrecht

INHALT

VORWORT

Die vorliegende Publikation verdankt ihre Entstehung mindestens drei glücklichen Umständen. Erstens: Der bleibenden Erinnerung meiner Freiburger Studienzeit in den 70er Jahren bei Hans Heinrich Eggebrecht, wo ich zum ersten Mal mit der Thematik intensiv in Berührung kam. Zweitens: Der in der Zwischenzeit erfolgten wissenschaftlichen Aufbereitung von Handschriften, die für den zu untersuchenden Gegenstand von Belang sind, wobei diese Aufbereitung allerdings in getrennten Bahnen verlief: musikwissenschaftlich und paläographisch. Drittens: Einer ersten, eher zufälligen Einsichtnahme in das *Düsseldorfer Fragment* vor ca. drei Jahren in der Universitäts- und Landesbibliothek Düsseldorf. Die erste Durchsicht jener uralten Pergament-blätter, auf denen zunächst kaum etwas zu erkennen ist, die sich dann aber immer mehr erschließen, bisher nie Entdecktes preisgeben, brachte eine längere Abhandlung in einer Fachzeitschrift mit sich - und zugleich die ersten überraschten Reaktionen. Nach einem nochmaligen gründlichen Studium entschloß ich mich zur vollständigen und ausführlich kommentierten Veröffentlichung dieses bereits verblassenden, aber unschätzbar wertvollen Dokuments der Musikgeschichte.

Das Buch ist Prof. Dr. Dr. h.c. mult. Hans Heinrich Eggebrecht gewidmet, zum achtzigsten Geburtstag im Januar 1999.

Ihm gilt mein besonderer Dank, für die kritische Begleitung der Arbeit und für die Aufnahme in die Reihe der *Beihefte zum Archiv für Musikwissenschaft.*
Dank gilt außerdem:
Prof. Dr. Wolf Frobenius (Universität Saarbrücken) für die kompetente Neuübersetzung des lateinischen Texts,
Dr. Michael Bernhard, dem Leiter der Musikhistorischen Kommission der Bayerischen Akademie der Wissenschaften für die unbürokratische Hilfe bei der Durchsicht des in München vorhandenen Kopienbestands der für die Publikation wesentlichen Handschriften,
Prof. Dr. Heinz Finger von der Universitäts- und Landesbibliothek Düsseldorf für die Ermöglichung einer mehrfachen Einsichtnahme in das *Düsseldorfer Fragment* und für die Veröffentlichungsgenehmigung,
Der Alfried Krupp Von Bohlen und Halbach Stiftung, der Stadt Essen und der Sparkasse Essen für die finanzielle Förderung der Publikation.

Dieter Torkewitz

EINLEITUNG

Die Entstehung der abendländischen Mehrstimmigkeit ist eine der zentralen Fragen der Musikgeschichte im engeren und der Kulturgeschichte im weiteren Sinn. Sie betrifft nicht nur die ‚Experten', sondern im Grunde jede Person, die sich über Musik ernsthafte Gedanken macht. Denn erst mit dem Einsetzen der mehrstimmigen Musik, bzw. dem Nachdenken darüber, worin das Bedürfnis begründet lag, mehrstimmige Musik zu erfinden, wie eine solche Musik beschaffen sein mußte und wie man sie festhalten, also notieren konnte, war der Weg freigelegt zu dem, was heute den abendländischen Musikbegriff ausfüllt. Ohne solches Nachdenken wäre es mit Sicherheit zwar nicht zum Stillstand musikalischer Betätigung gekommen - dies widerspräche völlig der menschlichen Natur -, doch wäre die Entwicklung anders verlaufen, würde es so nicht geben, was damals seinen Anfang nahm, sich über die Jahrhunderte hinweg stets modifizierte und heute omnipräsent ist: die artifizielle Musik, die europäische - abendländische - Kunstmusik.

Geschichtlich zum ersten Mal greifbar wird solches Nachdenken in jenem berühmten Musiktraktat des frühen Mittelalters, der unter dem (mißverständlichen) Namen *Musica enchiriadis* überliefert ist, *Handbuch über die Musik*. Diese Musikschrift entstand gegen Ende des 9. Jahrhunderts und existiert in doppelter Form: als Lehrschrift mit der eigentlichen Bezeichnung *Musica enchiriadis* und als Kommentar zu dieser Lehrschrift, genannt *Scolica enchiriadis (de musica)* und geschrieben in Form eines Dialoges zwischen Lehrer und Schüler. Die *Scolica enchiriadis* verdoppelt also den Inhalt der *Musica enchiriadis*, indem sie diesen nochmals - nur methodisch anders - ausdrückt und vertieft. *Musica* und *Scolica enchiriadis* bilden zusammen eine Einheit, müssen zum gleichen Zeitpunkt geschrieben worden sein und stammen aller Logik nach vom gleichen Autor. Spricht man daher von *Musica enchiriadis*, so versteht man vereinfachend beide Lehrschriften darunter: *Musica enchiriadis* und *Scolica enchiriadis* zusammen[1].

---

1 Die terminologische Deutung von *Musica enchiriadis* als ‚handbüchliche (griech. ἐγχειριδιώδης) Musik' - Handbuch über die Musik - und *Scolica enchiriadis (de musica)* als ‚Kommentar' zur *Musica enchiriadis* entspricht dem überlieferten und allgemeinen Verständnis. Zur genaueren (und widersprüchlichen) Bedeutung von *enchiriadis*: Siehe N. Phillips, *Musica and Scolica enchiriadis, The Literary, Theoretical and Musical Sources*, New York 1984, S. 377 ff.; dies., Artikel *Musica enchiriadis*, in: MGG, 2. neubearbeitete Ausgabe, hg. v. L. Finscher, Sachteil, Bd. VI, Kassel 1997, Sp. 655.

Die *Musica enchiriadis* (gemeint in diesem Doppelsinn von *Musica* und *Scolica enchiriadis*) war eine der bekanntesten und beliebtesten Musikschriften im Mittelalter. Ihre Bedeutung ist auch heute noch unumstritten. Aus der Vielzahl der Äußerungen seien nur zwei herausgegriffen. Willi Apel: „Die frühesten erhaltenen Dokumente der mehrstimmigen Musik sind die Lehrbeispiele für das parallele Organum, die in der *Musica enchiriadis* ... enthalten sind"[2]. Funk-Kolleg Musikgeschichte (1987): „Die älteste Mehrstimmigkeitslehre [= die *Musica enchiriadis*] legte den Grund für alle spätere europäische Mehrstimmigkeit"[3].

Die *Musica enchiriadis* existierte in vielen Abschriften, verstreut über ganz Europa, von denen heute annähernd 50 erhalten sind. Die frühe Erstausgabe des Traktats durch Martin Gerbert und danach die auf Gerbert fußende Ausgabe von Jean Paul Migne[4] galten lange Zeit als Orientierung. Erst seit 1981 liegt eine wissenschaftliche Ausgabe des gesamten Traktats vor, unter Berücksichtigung aller bekannten Abschriften und auch solcher Schriften, die im weiteren Sinn damit zusammenhängen: Hans Schmid, *Musica et Scolica enchiriadis*, München 1981[5].

Über den Entstehungsort und den Autor des Traktats wurde vielfach spekuliert. Es haben sich drei Thesen herausgeschält. Neben dem lange Zeit als Entstehungsort angesehenen St. Amand in Nordfrankreich, mit *Hucbald von St. Amand* (ca. 840-930) als vermutetem Urheber, wurde schon frühzeitig die benediktinische Abtei Werden an der Ruhr als möglicher Ursprungsort und Abt *Hoger von Werden* (gest. 906) als möglicher Autor ins Spiel gebracht[6].

---

2   W. Apel, *Die Notation der Polyphonen Musik 900-1600* (Titel der engl. Originalausgabe: *The Notation of Polyphonic Music 900-1600*, Cambridge, Massachusetts; 1. deutsche Ausgabe Leipzig 1961), Wiesbaden 1981, S. 220.

3   H. Möller, Rundfunksendung zum Mittelalter, in: *Funk-Kolleg Musikgeschichte*, dazu Studienbegleitbrief 2, Weinheim 1987, S. 40.

4   GS I, S. 152ff.; Migne Patr. Lat. CXXXII, S. 957ff.

5   Der genaue Titel der Ausgabe von H. Schmid lautet: *Musica et Scolica enchiriadis una cum aliquibus tractatulis adiunctis recensio nova post Gerbertinam altera ad fidem omnium codicum manuscriptorum, quam edidit Hans Schmid* (= Bayerische Akademie der Wissenschaften, Veröffentlichungen der Musikhistorischen Kommission, Bd. III), München 1981 [Künftig als: Ed. Schmid].

6   Nach der grundlegenden Studie von Hans Müller, *Hucbalds echte und unechte Schriften über Musik*, Leipzig 1884, war es zuerst Germain Morin, der - unter Bezugnahme auf Müller - die *Musica enchiriadis* in Verbindung mit *Hoger* von Werden brachte und in ihm deren Urheber sah: G. Morin, *Un essai d'autocritique*, Révue Bénédictine XII, 1895, S. 394; auch

In letzter Zeit wurde die These favorisiert, daß die Entstehungszone auch im Raum Köln - Liège gelegen haben könnte[7].

Seit Hans Müllers 1884 erschienenen Studie über den Zusammenhang zwischen *Hucbald von St. Amand* und der *Musica enchiriadis* steht fest, daß *Hucbald* als Autor nicht in Frage kommt[8]. Für die Köln-Liège - Hypothese wurde das bedeutende kulturelle und wissenschaftliche Milieu in diesem Gebiet als Hauptargument angeführt, belegt durch einen relativ günstigen Quellenbestand, und daraus geschlossen, daß das entsprechende *know-how* als Voraussetzung zur Entwicklung einer solch bedeutenden Lehrschrift - wenn schon nicht in St. Amand oder im Einflußbereich *Hucbalds* - wohl nur hier zur Verfügung gestanden haben könnte[9]. Für die Vermutung einer Urheberschaft in Werden spielten bisher zwei Aspekte eine Rolle. Erstens wird in zwei frühen Abschriften der *Musica enchiriadis* der Werdener Abt *Hoger* als Autor genannt: Handschrift *Valenciennes* (gefunden in *St. Amand*), Bibl. Municip. Ms. 337 (335), und Handschrift *Cambridge* (gefunden in Canterbury), Corpus Christi Coll. Ms. 260. Beide Handschriften stammen aus dem 10. Jahrhundert. In der Handschrift *Valenciennes* heißt es: „Commentum musicae artis ex opusculis Boetii excerptum et a venerabili abbate Hogero elaboratum"[10], und in der Handschrift *Cambridge*: „Musica Hogeri. Excerptiones Hogeri Abbatis ex auctoribus musicae artis"[11]. Zweitens ist die früheste aller erhaltenen Handschriften des Traktats in der Werdener Abtei gefunden und - darauf weisen alle Indizien hin - auch dort geschrieben worden, am Ende des 9. Jahrhunderts: die Handschrift *K3:H3* der Universitäts- und Landesbibliothek Düsseldorf, in der Fachwelt bekannt als *Düsseldorfer Fragment*[12]. In diesem Fragment, welches erst unlängst einer genaueren Untersuchung unterzogen wurde[13] und hiermit zum ersten Mal vollständig in Farbreproduktionen zugänglich gemacht wird, sind wichtige Partien der *Scolica enchiriadis* enthalten.

in späteren Abhandlungen wird der Werdener Abt als möglicher Autor immer wieder in Erinnerung gebracht, so bei M. Manitius, *Hogers von Werden Musica Enchiriadis*, in: Handbuch der klassischen Altertumswissenschaft IX,2, München 1911, Wiederabdruck in: *Geschichte der lateinischen Literatur des Mittelalters I, Von Justinian bis zur Mitte des zehnten Jahrhunderts* (= Handbuch der Altertumswissenschaft, hg. v. W. Otto, Neue Abteilung II,1), München 1965, S. 449ff.; G. Adler, *Handbuch der Musikgeschichte*, Frankfurt/M 1924, S. 99; R. Schäfke, *Geschichte der Musikästhetik in Umrissen*, Berlin 1934, S. 205 Anm. 2; M. Huglo, *Remarques sur un manuscrit de la 'Consolatio Philosophiae'* (London, British Library, Harleian 3095), Scriptorium XLV, 1991, S. 294.

7   N. Phillips, *Musica and Scolica enchiriadis*, a.a.O., S. 410f.
8   H. Müller, *Hucbalds echte und unechte Schriften ...*, a.a.O.
9   N. Phillips, *Musica and Scolica enchiriadis*, a.a.O., S. 377ff.
10 RISM B III 1, S. 134/135; Ed. Schmid, S. 3 und S. XII, Handschriften-Sigel: **A**.
11 RISM B III 4, S. 3; Ed. Schmid, S. 3 (Sigel **Q**).
12 RISM B III 3, S. 44; Ed. Schmid = **We**. Die frühere Signatur der Handschrift war: H3.
13 D. Torkewitz, *Zur Entstehung der Musica und Scolica enchiriadis*, AMl LXIX, 1997, S. 156ff.

Die Zurückhaltung, die bisher - trotz dieser beiden gewichtigen Fakten - gegenüber Werden als Ursprungsort bestand, hatte berechtigte Gründe. Denn über das dortige geistige und kulturelle, insbesondere musikalische Milieu im 9. und 10. Jahrhundert schienen die Quellen nur wenig herzugeben. Inzwischen hat sich die Quellenlage entscheidend und überraschend verändert. Bereits Wilhelm Stüwer konnte in seiner umfangreichen Studie über die Geschichte der Abtei Werdens nachweisen, daß im 9. Jahrhundert eine ausgesprochene Blütezeit stattfand: „Trotz der bescheidenen wirtschaftlichen Grundlagen und der Wirren um die Mitte des 9. Jhs. herrschte im Kloster ein reges geistiges Leben, das seinen Niederschlag in den verschiedenen Bereichen von Literatur und Kunst fand. Was davon erhalten ist, läßt trotz seiner Spärlichkeit den Schluß zu, daß das 9. Jh. das goldene Zeitalter der Werdener Geschichte gewesen ist"[14]. Und Hartmut Hoffmann hat in einer paläographischen Studie erst kürzlich festgestellt, daß eine der bedeutendsten Abschriften der *Musica enchiriadis*, die Handschrift *Bamberg*, Staatsbibliothek, Codex HJ. IV. 20. (Var. 1)[15], nicht - wie bisher angenommen - in Reims entstanden ist (dem Wirkungs- und Einflußbereich *Hucbalds*), sondern ebenfalls in Werden geschrieben wurde, um 1000: „Die Handschrift Var. 1 ist zu Unrecht dem Umkreis Ottos III. zugeordnet worden, weil man das in ihr enthaltene musiktheoretische Werk Hucbald von Saint-Amand zuschrieb und sich den Codex in Reims entstanden dachte. In Wirklichkeit handelt es sich um die Scolica enchiriadis, deren Verfasser nicht eindeutig identifiziert ist (vielleicht war es Hoger von Werden), und tatsächlich ist Var. 1 in Werden um die Jahrtausendwende geschrieben worden. Dafür, daß Otto III. das Buch jemals gesehen hat, läßt sich keinerlei Anhaltspunkt finden"[16].

---

14 Das Erzbistum Köln. 3. *Die Reichsabtei Werden an der Ruhr*, im Auftr. d. Max-Planck-Inst. für Geschichte bearb. von W. Stüwer (= Germania Sacra, Historisch-Statistische Beschreibung der Kirche des Alten Reichs, Neue Folge XII: Die Bistümer der Kirchenprovinz Köln), Berlin/New York 1980, S. 232.

15 RISM BIII 3, S. 15-17; Ed. Schmid = **H**. Die Handschrift *Bamberg*, Staatsbibliothek, Codex HJ. IV. 20. (Var. 1) bietet sowohl nach H. Schmid als auch nach H.H. Eggebrecht den zugleich „ältesten und am besten erhaltenen Text der *Musica enchiriadis*". H. Schmid, *Die Kölner Handschrift der Musica Enchiriadis*, in: Kgr.-Ber. Köln 1958, Kassel 1959, S. 264; H. H. Eggebrecht, *Musik im Abendland. Prozesse und Stationen vom Mittelalter bis zur Gegenwart*, München/Zürich 1991, 3. Aufl. 1998, S. 21.

16 H. Hoffmann, *Bamberger Handschriften des 10. und des 11. Jahrhunderts* (= MGH, Schriften, Bd. XXXIX), Hannover 1995, S. 15. Daß H. Hoffmann nur die am Anfang der umfangreichen Sammelhandschrift *Var. 1* stehende *Scolica enchiriadis* erwähnt und nicht den in *Var. 1* mitenthaltenen *Musica enchiriadis*-Traktat, die *Bamberger Dialoge I und II über das Organum*, die *Rex caeli-Sequenz* oder die Schriften *Commemoratio brevis* und *De cantu* (Siehe RISM BIII 3, S. 15f.), ist etwas mißverständlich. Selbstverständlich bezieht sich die Zuordnung nach Werden und die Datierung auf die ganze Handschrift *Var. 1*. Nach Hoffmann (S. 159 und 166) wurde diese weitgehend von einem Schreiber verfertigt, der auch noch andere Handschriften nicht-musikalischen Inhalts in Werden geschrieben hat.

Durch Hoffmanns überraschende Feststellung, die in der Musikwissenschaft bisher unbeachtet geblieben ist, klärt sich schlagartig ein anderer, zwar längst erkannter, aber nie näher hinterfragter Befund: der Zusammenhang zwischen der *Bamberger* Handschrift *Var.1* (*Bamberger* genannt, wegen des Fund- und Aufbewahrungsortes) und eben jenem *Düsseldorfer Fragment*, der in Werden geschriebenen Handschrift *K3:H3*. Die im Fragment übermittelten Teile decken sich fast vollständig mit den entsprechenden Stellen in *Var.1*; erkennbar wird dies z.B. an kleinen Ungenauigkeiten (etwa gemeinsamen Flüchtigkeitsfehlern), besonders jedoch anhand einer nur in diesen beiden Handschriften zu findenden größeren Textauslassung[17].

Der Sachverhalt kann kaum eindeutiger sein: Die kurz vor 900 geschriebene und anfangs wohl umfangreiche Handschrift *K3:H3*, das spätere *Düsseldorfer Fragment*, war auch im 10. Jahrhundert in Werden vorhanden und diente dort als Vorlage für die ca. 100 Jahre später entstandenen *Bamberger* Handschrift *Var.1*, entweder direkt, oder über eine Kopie vermittelt. Da *Var.1* außer der erwähnten Auslassung den fast vollständigen Text der *Musica enchiriadis* beinhaltet (den *Scolica enchiriadis*-Traktat ganz, den *Musica enchiriadis*-Traktat in weiten Teilen), lassen sich somit auch die fehlenden Teile des Fragments wiederfinden: Sie dürften mit nur geringfügigen Änderungen in *Var.1* aufgehoben sein. Von hier aus stellt sich auch die Frage nach der Urschrift. Der Weg zum Archetypus kann nur über die beiden Werdener Handschriften führen. Klar ist, daß das Fragment nicht Teil der Urschrift sein kann - die erwähnte Auslassung, die nur noch in *Var.1* vorkommt, in keiner anderen Abschrift sonst, spricht eindeutig dagegen. Es muß mindestens noch eine Handschrift in Werden davor gegeben haben, ohne die Textauslassung, als Vorlage für die (früher wohl vollständige) Handschrift *K3:H3*. Sie könnte die Urfassung gewesen sein.

Woraus aber läßt sich schließen, daß dem Schreiber des *Düsseldorfer Fragments* die vollständige Textfassung, d.h. eine Fassung ohne die Auslassung, vorgelegen haben mußte? Dies macht die Schrift an der Auslassungsstelle deutlich. Die Stelle im *Düsseldorfer Fragment* befindet sich auf fol. 4r, in der Mitte der 8. Zeile. Ab „Et hactenus ..." wird die Schrift dunkler und etwas klarer: Doch genau an dieser Stelle wurde ein größerer Textteil übersprungen. Der Schriftwechsel, der bisher wohl unbemerkt geblieben ist, weil er nur in Farbe deutlich zu sehen ist, verweist auf dieses ‚Überspringen' und beweist, daß in Werden vor dem *Düsseldorfer Fragment* eine Fassung existiert haben mußte ohne die Auslassung.

---

17   Die Textauslassung ist in der Textübertragung im Anschluß an fol. 4r mitgeteilt. Zur Auslassung siehe später (Analyse und Interpretation des *Düsseldorfer Fragments*. 6. Die Textauslassung)

Es ist somit eine gewichtige Handschriften-Trias, die Werden aufs engste mit der Entstehung der *Musica enchiriadis* in Zusammenhang bringt:

1. Die verschollene Vorlage zur ursprünglich (abgesehen von der erwähnten Textauslassung) wohl kompletten Handschrift *K3:H3*, des späteren *Düsseldorfer Fragments*; diese muß sich in Werden befunden haben - denn sonst hätte man sie dort nicht abschreiben können - und dürfte die Urschrift gewesen sein.
2. Das Fragment *K3:H3*, welches als älteste erhaltene Handschrift des Traktats kurz vor 900 in Werden entstand und eine (ursprünglich wohl komplette) Abschrift von 1. ist, mit der Besonderheit der Auslassung eines größeren Textteils. Dieses Fragment befindet sich aus vielerlei (später zu erörternden) Gründen in Autornähe, läßt somit die Wahrscheinlichkeit von 1. - seiner Vorlage - als Urschrift fast zur Gewißheit werden.
3. Die *Bamberger* Handschrift *Var.1*, welche um 1000 in Werden entstanden ist und eine Abschrift der (früher kompletten) Handschrift *K3:H3* (oder einer Kopie davon) darstellt und somit indirekt auf 1. verweist.

Hinzu kommt noch ein weiterer Sachverhalt. Die *Bamberger* Handschrift *Var.1* ist eine Sammelhandschrift. Sie beinhaltet nicht nur die beiden Teiltraktate *Musica* und *Scolica enchiriadis* (die zusammen die *Musica enchiriadis* im allgemeinen Verständnis ausmachen), sondern auch solche Schriften - ganz oder zu wesentlichen Teilen - , die entweder mit der *Musica enchiriadis* direkt zusammenhängen (*Bamberger Dialog I und II über das Organum, Commemoratio brevis, Rex caeli-Sequenz, De cantu*), oder solche, die als geistige Wegbereiter der *Musica enchiriadis* anzusehen sind (Boethius, *De institutione musica*; Isidorus de Sevilla, *Ethymologiarum sive Originum libri xx*)[18].

Durch solche Konzentration von Handschriften, die den Traktat der *Musica enchiriadis* im engeren und weiteren Sinn zum Gegenstand haben, rückt plötzlich das Werden des späten 9. und das des 10. Jahrhunderts ins Zentrum. Es ist genau jener Zeitraum, in dem anfänglich Abt *Hoger*, der in zwei frühen Abschriften (s.o.) als Verfasser genannt wird, regierte, und in dem die *Musica enchiriadis* erfunden und weiterentwickelt wurde.

Auf der Grundlage der vorhandenen Fakten läßt sich somit ohne Übertreibung sagen: Die bedeutendste Schrift zur Entstehung der abendländischen Mehrstimmigkeit, die *Musica enchiriadis* - in ihrer Gesamtheit als *Musica* und *Scolica enchiriadis* - ist mit allergrößter Wahrscheinlichkeit bis nahezu Gewißheit in Werden, dem heutigen Essen-Werden entstanden. Erdacht oder zumindest entscheidend initiiert wurde sie - mit vergleichbar hoher Wahrscheinlichkeit - von dem um die Jahrhundertwende regierenden und 906 verstorbenen Werdener Abt *Hoger*.

DAS *DÜSSELDORFER FRAGMENT*

Zum Inhalt und zum Verständnis

Die Handschrift *K3:H3* der Universitäts- und Landesbibliothek Düsseldorf, das *Düsseldorfer Fragment*, ist die älteste erhaltene Quelle der *Musica enchiriadis*, somit das älteste Dokument zur Entstehung der abendländischen Mehrstimmigkeit.

Das Fragment gibt die wesentlichen Partien des ersten Teils der (aus insgesamt drei Teilen bestehenden) *Scolica enchiriadis* wieder. Hier finden grundlegende Auseinandersetzungen über die Tonordnung statt, wird das originelle Tonzeichensystem der *Musica enchiriadis* erklärt, gibt es Erörterungen über die Tonbeziehungen, über Tonräume und Tonarten (*modi*), über richtige (und falsche) Melodik, Rhythmik, formale Gestaltung. Letztlich also bedeutet der im *Düsseldorfer Fragment* erhaltene Teil eine fundierte Lehre der Grundlagen des kunstvollen einstimmigen Musikmachens des frühen Mittelalters, als Voraussetzung für die Lehre der artifiziellen Zweistimmigkeit.

Grundlage des Traktats ist das Verständnis der Tonordnung und das Tonzeichensystem, das System der sog. *Dasia*-Zeichen. Beides wird nachstehend in Gründzügen erklärt. Der Einzelton in genau definierter Umgebung - dies ist die Ausgangsüberlegung des Autors. Geleitet wird er dabei von der Vorstellung einer Analogie von Sprache und Musik: So wie der einzelne Buchstabe die Worte - den Text, die Sprache - ermöglicht, so führt der einzelne Ton als kleinster musikalischer Baustein zur Musik. Und so wie der Buchstabe den Gesetzen der Grammatik unterliegt, so ist der Einzelton eingebunden in ein festgefügtes Tonsystem. Es ist hier - in Anlehnung an die Lehren von Boethius, dem Überbringer griechisch-klassischen Geistesgutes - ein System von aufeinanderfolgenden Viertongruppen, Tetrachorden. Jedes Tetrachord hat dabei eine identische Abfolge der Tonschritte: ganzer Ton - halber Ton - ganzer Ton (*tonus - semitonium - tonus,* in den Lehrbeispielen abgekürzt als T - S - T).

Das Grundtetrachord wird aus den Finales der vier Hauptkirchentöne gebildet und hat deshalb die Bezeichnung Tetrachord der *finales* (*tetrachordum finalium*), in heutiger Notenschrift (die selbstverständlich nur eine relative sein kann):

1.   2.   3.   4.

Für die vier Tetrachordtöne mußten Zeichen erfunden werden. Wie der Autor auf das der griechischen Prosodie entlehnte Zeichen δασεια *(nota* ⊢ *dasia*ℵ, siehe fol. 1r, Z. 1) als Ausgangszeichen gekommen ist, ist bis heute nicht ganz geklärt. Aus diesem Zeichen jedenfalls entwickelte er, durch Hinzufügung eines umgestellten Buchstabens (*S* oder *c*) am Kopf des Dasiazeichens, die Grundzeichen für den ersten: ↗ , zweiten: ↗ und vierten Ton: ↗. Der dritte hat den Buchstaben I *(iota simplex)* zum Grundzeichen: ╱ . Die vier Tonzeichen befinden sich dabei alle - vielleicht aus Platzgründen (denn Pergament war kostbar) - in Schrägstellung *(inclinum)*.

Das Tetrachord der *finales* hat also folgende vier Grundzeichen:

↗ 4. Ton (= *quartus sonus*, auch: *tetrardus*)   entspricht: *g*

╱ 3. Ton (= *tritus sonus*, auch: *tritos*)   entspricht: *f*

↗ 2. Ton (= *secundus tonus*, auch: *deuteros*)   entspricht: *e*

↗ 1. Ton (= *primus sonus*, auch: *protos / archoos*) entspricht: *d*

Ähnlich verhält es sich mit den übrigen Tetrachorden. Unter dem Tetrachord der *finales* liegt das der *graves*, darüber befinden sich die Tetrachorde der *superiores* und der *excellentes*, schließlich noch ein halbes Tetrachord, die *residui*. Insgesamt werden also viereinhalb Tetrachorde verwendet, 18 Töne. Der Tetrachordaufbau ist immer gleich, ebenso der Abstand der benachbarten Tetrachordgrenztöne: er beträgt immer einen ganzen Tonschritt.

Das gesamte Ton- und Tonzeichensystem der *Musica enchiriadis* sieht folgendermaßen aus:

RESIDUI	⌐ᴐ	cis''	2.		T
	⊤ᴣ	h'	1.		(T)
EXCELLENTES	ƺ	a'	4.		T
	✗	g'	3.		S
	6	fis'	2.		T
	ᶲ	e'	1.		(T)
SUPERIORES	♂	d'	4.		T
	⅄	c'	3.		S
	♂	h	2.		T
	⅃	a	1.		(T)
FINALES	℘	g	4.		T
	⌿	f	3.		S
	℘	e	2.		T
	⋏	d	1.		(T)
GRAVES	Ϙ	c	4.		T
	N	B	3.		S
	Ϡ	A	2.		T
	Ϡ	G [Γ]	1.		

Deutlich wird der Unterschied zum Tetrachordaufbau des durch Boethius übermittelten griechischen Doppeloktavsystems (*Systema teleion*), welches von ‚konjunkten' und ‚disjunkten' Tetrachorden im Wechsel ausgeht[1]:

Im System der *Musica enchiriadis* dagegen sind die Tetrachorde ausschließlich ‚disjunkt':

Deutlich wird weiterhin, daß trotz unterschiedlicher Tonhöhen die Töne der jeweils ersten, zweiten, dritten und vierten Tetrachordtöne im Verständnis des Autors als vergleichbar gelten. Sie besitzen dieselbe ‚Eigentümlichkeit' (*proprietas*, auch *conditio*), dies zeigt die Form der Dasiazeichen. Die Grundzeichen der *finales* erscheinen bei den übrigen Tetrachorden entweder ‚gewendet' oder ‚umgestülpt', bzw. (bei den *residui*) quergelegt. Die Zeichen definieren somit ihre Beziehung zum jeweiligen Grundzeichen innerhalb ihres Tetrachords und drücken gleichzeitig ihre Stellung innerhalb des gesamten Ton- und Klangraums aus. Für den dritten Ton gibt es besondere Zeichen, denn der dritte Ton ist innerhalb der Tetrachorde ein besonderer Ton: unter ihm befindet sich immer ein Halbton. Der dritte Ton erscheint bei den *finales* als ∕, bei den *graves* als N, bei den *superiores* als ‚gewendetes' N, nämlich 𝄈, und bei den *excellentes* als durchgestrichenes I, als ✚.

Das Tonsystem der *Musica enchiriadis* geht von einer anderen Vorstellung aus als das spätere Oktavensystem. Es ist ein Quintensystem. So hat beispielsweise - in heutiger Tonvorstellung ausgedrückt - der Ton *d*, der 1. Ton des Tetrachords der *finales*, die gleiche Qualität/Wertigkeit wie die Töne *G, a, e', h'*: diese sind alle ‚erster' Ton eines Tetrachords, haben daher alle eine gemeinsame Zeichenform und stehen (aufgereiht) im Quintabstand zueinander:

1   C. Dahlhaus, Artikel *Tonsysteme,* in: MGG XIII, Sp. 540ff.; Chr. Kaden, *Tonsystem und Mehrstimmigkeitslehre der Musica enchiriadis. Theoretische Spekulation oder theoretische Handreichung?,* in: *Schule und Schüler im Mittelalter. Beiträge zur europäischen Bildungsgeschichte des 9. bis 15. Jahrhunderts* (= Beihefte zum Archiv für Kulturgeschichte XLII), hg. v. M. Kintzinger, Köln 1996, S. 78f.

Im späteren (tonalen) Oktavenverständnis hat beispielsweise der Ton c durch alle Oktavlagen hindurch die gleiche (tonale) Qualität, als c, c', c'' etc. Nicht dagegen im System der *Musica enchiriadis*. Hier kommt es, dem Tetrachordaufbau bzw. der reinen Qintenordnung zufolge, in drei Fällen zu ,unreinen' Oktaven: *B - h, f - fis', c' - cis''*[2].

Sinn der Tonordnung und der Zeichenerfindung in der *Musica enchiriadis* ist musikalische Orientierung und Präzisierung. Der Schüler/Sänger ist aufgrund der Zeichen jederzeit in der Lage, einen Melodieverlauf zu überprüfen bzw. selbst zu steuern - und umgekehrt: ihn richtig aufzuschreiben. Erklärt wird dies im Traktat anhand von Lehrbeispielen, *descriptiones*. Ein Beispiel aus dem Dialog über die ,Mißklänge' (*absonia*-Dialog):

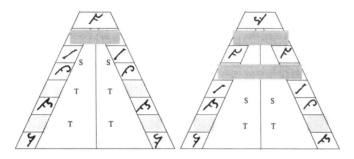

fol. 1v, unteres *descriptio*-Paar

Der Lehrer singt zweimal eine Fünftonfolge auf- und abwärts, ein Pentachord. Er beginnt mit dem 4. Tetrachordton des Tetrachords der *graves* (Zeichen: 𝄐), geht über in das Tetrachord der *finales* bis zum 4. Ton (𝄐) - er durchmißt also eine Qint - und endet wieder beim Ausgangston.

Die Notation dieses Lehrbeispiels gibt den genauen Melodieverlauf wieder, durch die räumliche Anordnung auch den genauen Tonhöhenverlauf, wobei selbst der Unterschied zwischen ganzem und halbem Tonschritt durch unterschiedliche Abstände zwischen den Zeichen verdeutlicht wird. Zusätzlich finden sich noch einige Abstandsbezeichnungen: T = *tonus,* S = *semitonium.* Selbst Farbmarkierungen werden zur Verdeutlichung herangezogen.

Bei der Wiederholung begeht der Lehrer einen absichtlichen Fehler. Der ,Mißklang' (*absonia*) entsteht durch die fehlerhafte Position des Halbtons. Dieser erscheint innerhalb der *finales* bereits nach dem 1. Ton (𝄐 → 𝄐): die Tetrachordordnung ist zerstört. In heutigen Noten ausgedrückt sieht das Lehrbeispiel folgendermaßen aus:

---

2   Siehe S. 19.

Das Ton- und Klangsystem der *Musica enchiriadis* mag simpel erscheinen aus heutiger Sicht. Das verbotene „Moll" nach dem „Dur" im vorstehenden Beispiel ist z.B. kaum nachvollziehbar, denkt man in modernen Tonarten und nicht in *modi,* und läßt man sich nicht auf das Denken in festgefügten Tetrachordstrukturen und deren Transpositionen ein. Der Tonvorrat der *Musica enchiriadis* ist orientiert am (damaligen) Umfang der menschlichen Stimme, deshalb werden nur insgesamt 18 Töne in die theoretische Betrachtung miteinbezogen[3]. Die Kunst, mit diesen Tönen nicht nur richtig, sondern vor allem musikalisch umzugehen, dies wird im 1. Kapitel der *Scolica enchiriadis* gelehrt. Das eigentliche Ziel aber - und darauf hin ist die ganze Schrift angelegt - ist die Zweistimmigkeit. Anhand von zwei bekannten Lehrbeispielen soll im folgenden kurz gezeigt werden, wie diese Zweistimmigkeit gehandhabt wird. Die Beispiele sind nicht mehr im *Düsseldorfer Fragment* enthalten, jedoch finden sie sich in der eingangs erörterten und in Werden (um 1000) geschriebenen Handschrift *Bamberg, Var.1.*

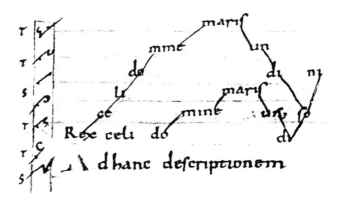

Hs. *Bamberg*, Staatsbibl., Codex HJ. IV. 20. (Var. 1), fol. 57r

Rex cae- li do- mi- ne ma- ris un- di- so- ni

---

3   Nicht diskutiert werden Oktavversetzungen oder -verdopplungen. Diese erschienen dem Autor der *Musica enchiriadis* als selbstverständlich, denn die Gesänge wurden von Männer- und Knabenstimmen ausgeführt.

Der Anfang der *Rex caeli-Sequenz* aus dem Traktatteil der *Musica enchiriadis* ist ein vielzitiertes Beispiel zum Beginn der Mehrstimmigkeit[4]. Zwei Stimmen beginnen gemeinsam mit dem 4. Ton des Tetrachords der *graves* (c) und enden gemeinsam beim 2. Ton des Tetrachords der *finales* (e). Dazwischen hat jede ihren eigenen Verlauf. Zuerst entfernt sich die obere (vox *principalis*) - die untere (vox *organalis*) scheint sich nicht darum zu kümmern - , dann gehen beide im gleichen Abstand (in Quarten) nebeneinander her, am Ende fügen sie sich zusammen. Was ist daran das Besondere?

Der Stimmenverlauf ist Resultat dessen, was im 1. Kapitel der *Solica enchiriadis* (und entsprechend am Anfang des *Musica enchiriadis*-Traktats) entwickelt wurde. Es ist das Tetrachordsystem, welches die Eigenbewegung der zweiten Stimme bedingt. Und es ist das Intervall, welches dem Autor als Zusammenklang am passendsten erschien: die Quarte. Die Quarte galt von den drei Zusammenklangsintervallen (*symphoniae*), die für eine Klangbildung durch eine zusätzliche Stimme zur Hauptstimme in Frage kamen - Oktav, Quinte, Quarte - , als besonders geeignet. Sie war am meisten ‚auseinandertönend' (*diaphon*). Das Singen in parallelen Oktaven und/oder Quinten ist in der *Musica enchiriadis* kein Gegenstand ausführlicher theoretischer Erörterungen; es wird zwar angeführt, zählt jedoch nicht zur eigentlichen Mehrstimmigkeit. Wenn also eine gleichwertige zweite Stimme zur Hauptstimme notwendig erschien und parallel zu ihr geführt werden sollte, dann nur in der Unterquart, denn erst durch die Quarte wird die zweite Simme von der ersten unterscheidbar. Zwischen dem System der Tetrachorde und der Quarte als favorisiertem Zusammenklangsintervall gibt es jedoch einen Konflikt. Die Quarten sind - im Gegensatz zu den Quinten (s.o.) - nicht immer rein. Von bestimmten Tönen aus entsteht ein Tritonus, eine nicht zu billigende Dissonanz (*inconsonantia*):

$$B - e, \quad f - h, \quad c' - fis', \quad g' - cis''.$$

So ist es letztendlich das Tritonusverbot, das die Eigenbewegung der Unterstimme im obigen Beispiel bewirkt - und zu überraschend Neuem führt. Würden beide Stimmen konsequent in Quartparallelen verlaufen, so entstünde beim dritten und letzten Klang ein Tritonus (*B/e*). Das Tritonusverbot verleiht der

---

4   Das *Rex caeli* der Hs. *Bamberg, Var.* 1, ist als Faksimile u.a. abgedruckt in: H. Besseler / P. Gülke, *Schriftbild der mehrstimmigen Musik* (= Musikgeschichte in Bildern, hg. v. W. Bachmann, Bd. III,5: *Musik des Mittelalters und der Renaissance*), Leipzig 1973, S. 29; H.H. Eggebrecht, *Die Mehrstimmigkeitslehre von ihren Anfängen bis zum 12. Jahrhundert*, in: *Geschichte der Musiktheorie*, Bd. V: *Die mittelalterliche Lehre von der Mehrstimmigkeit*, Darmstadt 1984, S. 24; ders., *Musik im Abendland*, a.a.O., Abb. 1 (nach S. 416); H. Möller / R. Stephan, *Die Musik des Mittelalters* (= Neues Handbuch der Musikwissenschaft, hg. v. C. Dahlhaus, fortgeführt von H. Danuser, Bd. II), Laaber 1991, S. 97.

Unterstimme eine eigene Verlaufsform, indem es sie zwingt, am Anfang liegen
zu bleiben, die Dissonanz *c/d* bei zweiten Klang in Kauf zu nehmen - wodurch
vielleicht zum ersten Mal, wenn auch unbeabsichtigt, eine Sekunddissonanz ins
Blickfeld rückt - und die Terz *c/e* beim dritten Klang zu tolerieren (denn eine
Terz wurde noch nicht als konsonant empfunden).

Das zweite Beispiel stammt aus dem *Bamberger Dialog über das Organum*,
einem Traktat, welcher einzig in der Handschrift *Var. 1* überliefert ist:

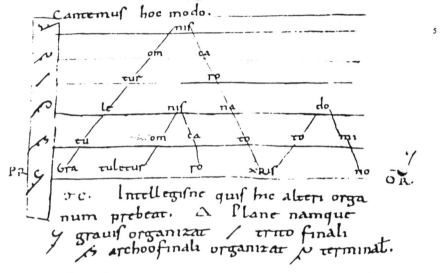

Hs. *Bamberg*, Staatsbibl., Codex HJ. IV. 20. (Var. 1), fol. 63r

Gra- tu- le- tur om- nis ca- ro na- to Chris- to do- mi- no

Aufbau und Verlauf der Stimmen (*PR* = vox principalis, *OR* = vox organalis)
entsprechen dem *Rex caeli*-Beispiel. Doch gibt es infolge der veränderten, sich
zum 4. Ton des Tetrachords der *graves* (*c*) schleifenartig zurückbewegenden
Hauptstimme (und der ab der Mitte auf dem Grenzton *c* liegenbleibenden
Unterstimme) mehr Sekunden und Terzen. Diese erscheinen allerdings nicht
willkürlich, sondern planvoll gesetzt, indem sie den Klangspannungsverlauf
musikalisch auf- bzw. abbauen. Bemerkenswert ist vor allem die kadenzierende
Schlußwendung (Dissonanzspannung - Auflösung in Konsonanz).

---

5   Faksimile bei E. L. Waeltner, *Der Bamberger Dialog über das Organum,* AfMw XIV, 1957,
    vor S. 179.

Die Selbständigkeit beider Stimmen in beiden Beispielen ist Ausdruck eines musikalischen Denkens vor dem Hintergrund eines komplexen Regel- und Beziehungsgeflechts Die kleinen Beispiele signalisieren den Beginn eines kompositorischen Denkens, welches sich über die Jahrhunderte hinweg bis heute konstituiert hat: das deutliche Formbewußtsein infolge der klaren Unterscheidung zwischen Beginnen, Fortführen, Zurückführen und Schließen, und das kalkulierte Zueinander-in-Beziehung-Setzen der musikalischen Momente wie Tonstufe, Bewegungsrichtung, Klangabstufung. Ja selbst das Entstehen von Neuem durch Überantwortung läßt sich herauslesen: Die operativen Maßnahmen in den Beispielen, unternommen im Vertrauen auf die Stimmigkeit des Tonsystems (Tetrachordik, Quartklang, Tritonusverbot), führten zum Sekund- und Terzklangerlebnis, und zum zunächst ‚erzwungenen', aber dadurch ‚befreiten' Stimmenverlauf - einer Situation, mit welcher sich dem Grunde nach noch ein John Cage aueinanderzusetzen hatte: die subjektive Empfindung im fruchtbaren Konflikt mit einer vorgefundenen oder gesetzten Ordnung und die daraufhin getroffene (subjektive) kompositorische Entscheidung (im Falle der *Musica enchiriadis*: das Akzeptieren von eigentlich nicht Intendiertem infolge des Tritonusverbots). Dies war es letztlich, was den Impuls zur Entstehung der mehrstimmigen Musik gab - und als Stimulans zur Innovation die Zeiten überdauerte.

Zur Edition

Das *Düsseldorfer Fragment*, die Handschrift *K3:H3*, besteht aus zwei Doppelblättern aus Pergament, Größe ca 24 x 16 cm (davon beschriftet: ca 19 x 14 cm), bei 34 Zeilen. Der achtseitige Text des Fragments ist in *Karolingischer Minuskel* geschrieben, ein von späterer Hand eingetragener Bibliotheksvermerk als Überschrift auf fol. 1r in *Textura* (14./15. Jh.) lautet: *Liber scti. Liudgeriī* [= *Liudgeri in*] *Werdena*. Bekannt ist das Fragment erst seit diesem Jahrhundert. Es wurde gefunden im Einbanddeckel eines Buches[1]. Auf fol. 1r und fol. 3v am jeweils unteren Rand finden sich auf aufgeklebtem Zettel Reste eines Buchtitels; lesbar ist - Rand an Rand gelegt - *Venet: 1316* [= 1816?]. Die Handschrift *K3:H3* wurde mehrfach beschrieben[2]. Die Datierung des Fragments auf das späte 9. Jahrhundert und Werden als Entstehungsort gelten weitgehend als gesichert. Die Ausführungen innerhalb der vorliegenden Publikation dürften darüber hinaus geeignet sein, diese Bestimmung noch weiter zu festigen[3].

1   Der genaue Zeitpunkt der Herauslösung aus einem alten Bucheinband läßt sich nach Auskunft der Düsseldorfer Bibliotheksleitung nicht recherchieren. Die Rezeption des Fragments setzt kurz vor der Jahrhundertmitte ein (siehe RISM B III 3, S. 44).

2   RISM B III 3, S. 44; *Kostbarkeiten aus der Bibliothek der ehemaligen Reichsabtei Werden*, eine Ausstellung der Universitätsbibliothek Düsseldorf in der Schatzkammer der Propsteikirche St. Ludgerus vom 09. 05. - 07. 06. 1988, Text zur Ausstellung, hg. v. G. Gattermann, Düsseldorf 1988 (o.Seitenangabe), Erläuterung zum Fragment *K3:H3*; N. Phillips, *Musica and Scolica enchiriadis*, a.a.O., S. 535: fol. 1r als Faks. (leider sehr unleserlich); *Vergessene Zeiten. Mittelalter im Ruhrgebiet*, Katalog zur Ausstellung im Ruhrlandmuseum Essen vom 26. 09. 1990. - 06. 01. 1991, hg. v. F. Seibt u.a., 2 Bde., Essen 1990, Bd. I, S. 38 u. 42, S. 43/44: Faks. von fol. 1v und 4r als Doppelblatt (in Farbe); *Musik in Münster*, eine Ausstellung des Stadtmuseums Münster in Zusammenarbeit mit dem Musikwissenschaftlichen Seminar der Westfälischen Wilhelms-Universität Münster, Regensburg/Münster 1994, S. 69/70, S. 69: fol. 1v als Faks.; D. Torkewitz, *Zur Entstehung ...*, a.a.O., S. 181: fol. 4r als Faks.; *KlosterWelt*, Katalog zur Ausstellung der 1200-Jahrfeier Werden, Ruhrlandmuseum Essen vom 25. 03. - 27. 06. 1999, Essen 1999 (erscheint in Kürze): fol. 1v und 4r als Faks.

3   Nach freundlicher Mitteilung von Birgit Ebersperger, die den handschriftlichen Nachlaß von Bernhard Bischoff betreut, gibt es eine Bestimmung von *K3:H3* durch B. Bischoff in einem unveröffentlichten Katalog über die festländischen Handschriften des 9. Jahrhundert: „Fragm. K3:H3 (s. XV Werden). Scholica Musicae Enchiriadis. 4Bl. (2 Dopp.); ca. 23,8 x 16,5 cm (ca. 19 x ca. 13,7 cm); 34 Z. Min. zweier Hde., leicht geneigt und gerade; auch И . Die Dasia-Notation m. Farbflecken o. farbig überstr.; r., grün, gelb, blau. - Nordwestdeutschland (?), IX. Jh., Ende oder IX./X. Jh. - ". Gegenüber H. Schmid allerdings äußerte sich Bischoff dezidierter, denn Schmid stellte unter Berufung auf Bischoff, mit dem er zusammen das Fragment in Düsseldorf einsah, fest: Das Fragment „gehört noch mit Sicherheit dem 9. Jh. an" und ist in Werden entstanden (*Die Kölner Handschrift der Musica Enchiriadis*, a.a.O., S. 263 und 262 Anm. 13). Diese Bestimmung gilt auch für Schmids Edition von 1981 unverändert, in Übereinstimmung mit Bischoff: „B. Bischoff insuper de aetate et provenientia codicum ac de locis difficillimis lectu mecum communicavit" (Ed. Schmid, S. XI). Fast übereinstimmend sind die Bestimmungen in: RISM B III 3, S. 44: „Écriture de la fin du IXe s. ... Provenance: Werden" (die *Textura*-Überschrift wird dort auf das 15. Jh. datiert); *Vergessene Zeiten, Mittelalter im Ruhrgebiet*, a.a.O., Bd. I, S. 42, Nr. 25 (G. Karpp): „Benediktinerabtei Werden(?),

Die Wiedergabe der acht Folios entspricht nicht der Originalgröße. Die Reproduktionen sind etwas verkleinert. Bei der Textübertragung wurden die originale Zeilen- und Raumeinteilung übernommen. An besonderen Schreibweisen sind nur einige für Werden in dieser Zeit typische Formen des Buchstabens N angezeigt, aus einem später zu erläuternden Grund[4]. Nur sporadisch dagegen berücksichtigt wurden die zahlreichen Abkürzungen im Original - eine typische Erscheinung im Schriftbild der *Karolingischen Minuskel*. Stattdessen sei eine kurze Tabelle der in *K3:H3* verwendeten Abkürzungen nachstehend beigefügt.

Die acht Folios des Fragments beinhalten den ersten Teil der aus insgesamt drei Teilen bestehenden *Scolica enchiriadis*, bei fehlendem Anfang, einem fehlenden Abschnitt zwischen fol. 2v und 3r, und der eingangs erwähnten Textauslassung auf fol. 4r. Die Textübertragung gibt den ganzen ersten Teil der *Scolica enchiriadis* wieder, inklusive der fehlenden Partien des Fragments. Die Ergänzungen sind selbstverständlich gekennzeichnet. Die gesamte Textwiedergabe entspricht den Seiten 60-89 der Ed. Schmid, bei Gerbert (GS I) den Seiten 173-184. Bei der Textabschrift von *K3:H3* ergab sich das Problem, daß der originale Text manchmal kaum lesbar, teils unlesbar ist, denn der Zustand der Handschrift ist leider nicht sehr gut. In Zweifelsfällen diente die Textversion der Ed. Schmid als Orientierung, mit Verweis auf Besonderheiten der (dort mitenthaltenen) Fassung der *Bamberger* Handschrift *Var.1*. Dies betrifft ebenso die in *K3:H3* fehlenden Partien. Alle schwer lesbaren, unlesbaren und fehlenden Textstellen innerhalb des Textverlaufs wurden in kleine Schrift gesetzt; Flüchtigkeitsfehler und Besonderheiten (z.B. *pentecordum, tercius*) wurden belassen bzw. durch Anmerkungen geklärt. Interpunktionszeichen stehen in heutiger Schrift bzw. wurden sinngemäß ergänzt. Trennstriche stehen in eckiger Klammer.

Die Übersetzung des *Düsseldorfer Fragments* einschließlich der fehlenden Partien des ersten Teils der *Scolica enchiriadis* wurde von Wolf Frobenius angefertigt. Es ist eine komplette Neuübersetzung[5].

---

um 890", S. 38 (E. Freise): „Der musiktheoretische Traktat, der mit dem Namen des Werdener Abtes Hoger (vor 900) verbunden wird ..., ist dagegen dort [in Werden] geschrieben worden"; W. Stüwer, *Die Reichsabtei Werden* ..., a.a.O., S. 69, Nr. 40: „Hoger (von Werden)... 10.Jh."; *Musik in Münster*, a.a.O., S. 69: „entstanden in St. Ludgerus, Werden, spätes 9. Jh."; *Kostbarkeiten aus der Bibliothek der ehemaligen Reichsabtei Werden*, a.a.O.: „Werden, Benediktinerabtei - um 890" (*Textura*-Überschrift: „14. Jahrhundert"); H. Hoffmann, *Bamberger Handschriften* ..., a.a.O, S. 15, Anm. 37: „Die älteste Überlieferung der Scolica enchiriadis ist gleichfalls in Werden, und zwar schon ca. 900, geschrieben worden"; LmL, *Handschriften*, Internet-Version (Stand 1998): „date: IXe s. origine: provenance: Werden, St-Liudger".

4 Siehe S. 73ff. (4. Buchstabe und Tonzeichen).

5 An deutschen Übersetzungen des ersten Teils der *Scolica enchiriadis* liegen bisher vor: R. Schlecht, *Musica Enchiriadis von Hucbald*, MfM VI/12, 1874, S. 189-191. VII/1, 1875, S. 1-11. G. Möbius, *Das Tonsystem aus der Zeit vor 1000*, Köln 1963, S. 41ff. Eine Neuübersetzung des gesamten Traktats wurde von Petra Weber-Bockholdt angekündigt; Siehe: P. Weber-Bockholdt, *Conditio - qualitas - proprietas. Über die Bestimmung des Tons in der musica enchiriadis*, Mth XII, 1997, S. 123, Anm. 3.

Abkürzungstabelle[6]

$\bar{a}$	=	am	Ν̇	=	nt
ꝫ, ℟	=	ae	$\bar{o}$	=	om
ƀ	=	bis	omā̄	=	omnia
b;	=	bus	ꝑ	=	per
$\bar{c}$	=	con	p̄	=	prae
cῦ	=	cum	ꝓ	=	pro
dō̄	=	deo	✗	=	rum
đ	=	dum	q;	=	que
... ẽ	=	... em	qđ̇	=	quid
ē	=	est	qđ	=	quod
ē̄e	=	esse	qῡ̄o	=	quoniam
⍺	=	et	qꝗ̄	=	quoque
ῑ	=	in, im	ⸯ	=	sunt
m̄̃	=	men	τ̄	=	ter, tem
m.	=	mus	τ.	=	tum
nā̄, Νā̄	=	nam	τῦ	=	tunc
n̄, Ν̃	=	non	ṽ	=	um
nc̃, Νc̃	=	nunc	t	=	vel

---

6 In Anlehnung an: *Dizionario di Abbreviature Latine ed Italiane* (= Lexicon Abbreviaturarum), hg. v. A. Cappelli (1929), Milano ⁶1987.

Faksimile des *Düsseldorfer Fragments*

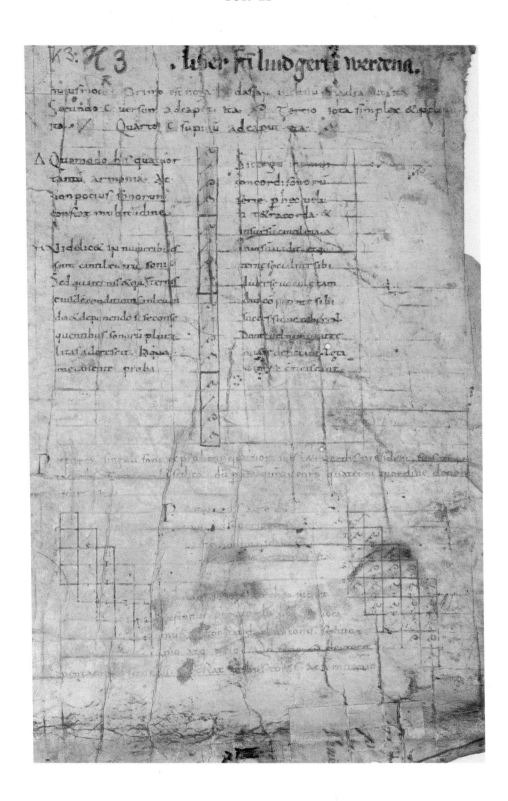

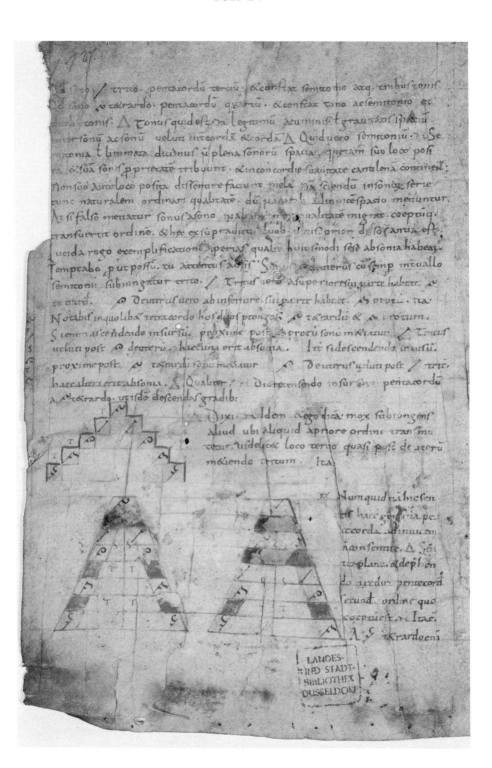

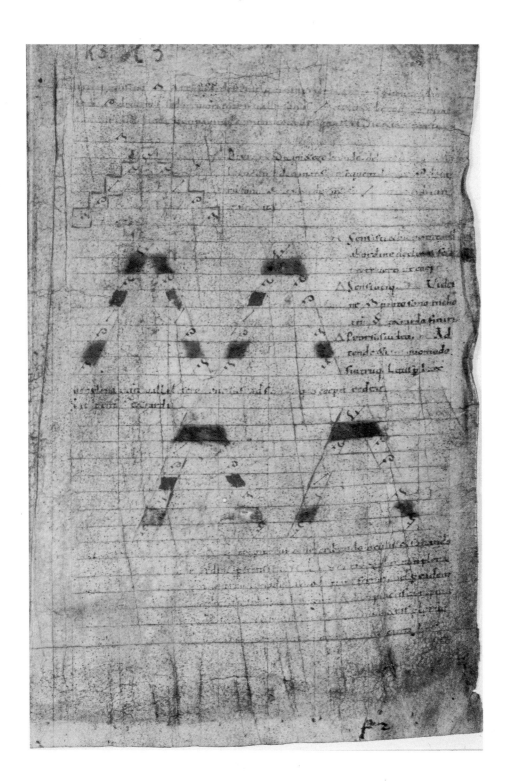

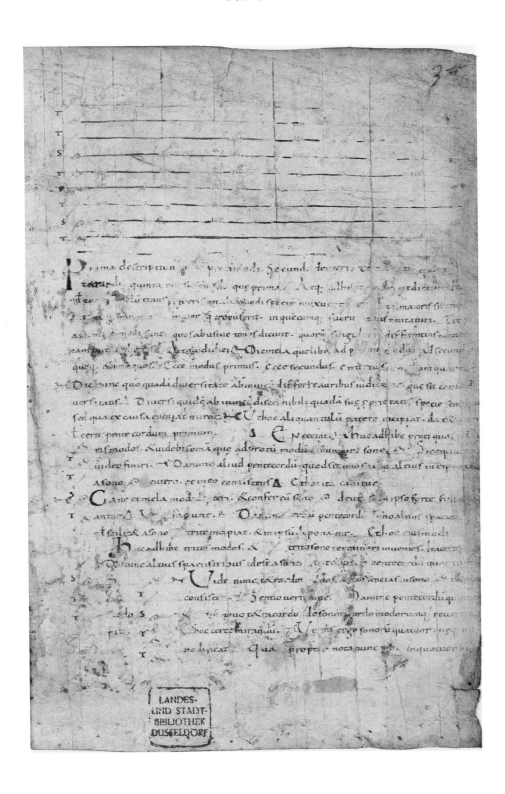

quas finales uocamus. eis notulis designamus quas supra descripsimus ita

̇ ̇ ̇ Graues autem eis de sere seduxero spectantibus

figuris ita· ▦ Superiores giras in usum fin ih

ita· ▦ Excellentes· giras in usig ram ha fita

▦ Tritus onus excipitur. qui in gra uibus · n· in linea

Insuperioribus · n· uersus metin clinum· ̸ In excellentiu ior L

trȧt ſ fixum· ̸ Residuas binas uoces ie en tibus notis exprim

qui in ordine sic disp antur· Ethactinus dica enen marū generibus de

 utendis. superius en minusatint· pro deinde que prexornatione melodie

donante do dicendis prequemur· Ȧ e primis indendū· ut in numerose qelibet

melū promatur· Ȧ Qd est numerose canere· ̸ Vt attendatur ubi producti

oribus ubi breuioribus morulis utendum sit· quatinus att que sillabe breues·

queq sint longe attendatur itaquionis producti· qei correpate debeant

attendatur· ut ea que diu alen que non iu legitime cancin cant· Ctrudita me

tricis pedibus cū melena plaudatur· Age canamus exercicii usa· plaudam

pedeſego in spernendo· tu ſeq quido in sonahere·

Sole innabus menbris ultim q longe· relique breues ſant·

Sic itaq· numerose ē canere long· breuibusq· ſant rua morulaſ metiri

nec gloci pinahere t comohai e magis quā oportet· ſed infra ſcandendi lege

uoce continere· ut possin meli ea fiauri mora quā cocpit· Veru ffalium o

tienſ causa uariationis mutare mora a eleſ· il ſe exn e mitui an fine proniſ

or e t in extanore curſū facere· duplo id fecer· id est ut producta mora in duplo

correptiore· ſeu correptā in uitteá i plo longiore· Ȧ Puto e prare hori

queq· expedit· et in usa meteret· ̸ eſſe e ct piuſ· obiicet qanuſ quoduſ

melum canere, nec correptius nec producius· ut ut morulas que ſunt pro

ducte correptis ſuis· nec ite ſtant prorrepti· eſ que futuit producior eſ

ſe queum modo prima ſit mora correptior ſubiungatur producteri ut

correcta iterum·

Hac igitur numeroſitatis ratio docta ſeruo cu quieſ delent· echaemax

ego ſum

 qi ſum uia

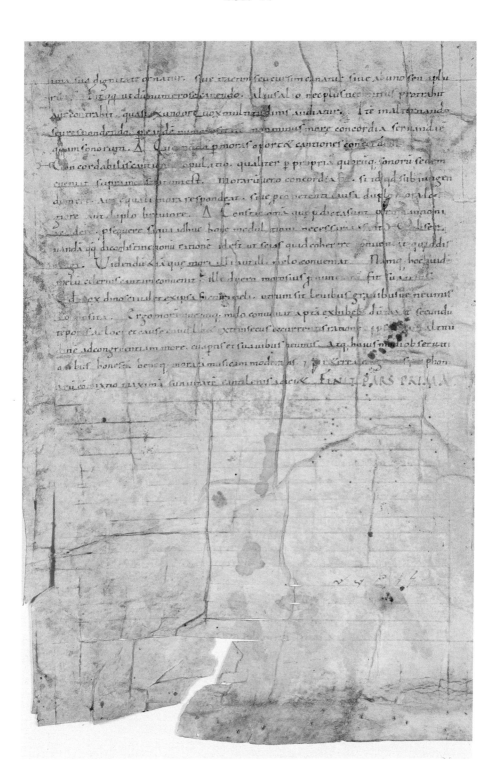

Text und Übersetzung des *Düsseldorfer Fragments*
(synoptisch)

Anfang der *Scolica enchiriadis*
(Nach der Fassung der *Bamberger* Handschrift *Var.1;* fehlt im *Düsseldorfer Fragment*)

INCIPIT SCOLICA ENCHIRIADIS[1] DE MUSICA
[PARS PRIMA]

H [= Magister]: *Musica quid est?*
Δ [= Discipulus]: *Bene modulandi scientia.*
H: *Bene modulari quid est?*
Δ: *Melos suavisonum moderari. Sed haec quantum ad artem. Ceterum non bene modulari video, si quis in vanis suavitate artis abutitur, quemadmodum nec ipse, qui, ubi oportet, arte uti non novit, quamvis quilibet devoto tantum corde Domino dulce canit.*
H: *Recte putas, non nisi bono usu dulcia mela bene fieri, nec rursum sacris melis bene uti, si sine disciplina iniocundius proferantur. Quocirca cum ecclesiasticis canticis haec disciplina vel maxime necessaria sit, ne incuria vel imperitia deturpentur, videamus, quibus rebus opus sit ad bene modulandi facultatem.*
Δ: *Video plura esse, quae cantorem observare oporteat, quae si non noverit, peritus esse non possit. Sed tuum est, haec certius exponere.*
H: *Alia sunt, quae sibi sonorum proprietas postulat, alia, quae numerositatis poscit ratio, alia, quibus extrinsecus occurrentibus disciplina canendi sese apte conformat.*
Δ: *Hi soni qui sunt?*
H: *Sonos hic ptongos dicimus, id est voculas in canore concordes, quae sunt armoniae elementum. Etenim sicut loquela litteris, ita constat ptongis armonia.*
Δ: *Quae sunt, quae sibi sonorum proprietas poscit?*
H: *Ne quid in eis vitiata naturali qualitate absonum fiat.*
Δ: *Quomodo fit haec absonia in ptongis?*

---

1   In der Handschrift *Bamberg*, Staatsbibliothek, Codex HJ. IV. 20. (*Varia l*).steht als einziger Quelle (und vor ihr auch im verschollenen Anfang des *Düsseldorfer Fragments?*) die Adjektivform *enchiridiadis.* Dies kommt eigentlich der griechischen Mutterform ἐγχειριδιώδης, welche ins Lateinische mutierte, näher als das in den meisten Handschriften überlieferte und im allgemeinen Sprachgebrauch übliche *enchiridiadis.* Siehe Ed. Schmid, S. 60, Krit. App.

Anfang der *Scolica enchiriadis*
(Nach der Fassung der *Bamberger* Handschrift *Var. 1;* fehlt im *Düsseldorfer Fragment*)

HIER BEGINNEN DIE SCHOLIEN DER MUSICA ENCHIRIADIS.
(ERSTER TEIL)

L(ehrer): Was ist die Musica?

S(chüler): Die Wissenschaft (*scientia*) vom guten Singen oder Spielen.

L: Was heißt gut singen oder spielen?

S: Eine Melodie wohlklingend zu singen. Doch dies, soweit es die Kunst (*ars*) betrifft. Im Übrigen betrachte ich es nicht als gutes Singen oder Spielen, wenn jemand aus Eitelkeit die Süße der Kunst mißbraucht, ebenso wenig, wenn er dort, wo es notwendig ist, die Kunst nicht zu gebrauchen weiß, obschon jeder für Gott süß singt, der es nur aus frommem Herzen tut.

L: Du hast recht: nur bei gutem Gebrauch klingen süße Gesänge wohl; und es werden heilige Gesänge nicht gut gebraucht, wenn sie mangels Kunst unangenehm vorgetragen werden. Weil also für die Kirchengesänge diese Kunst sehr wohl höchst notwendig ist, wenn sie nicht durch mangelnde Sorgfalt oder durch Unwissen verschandelt werden sollen, wollen wir sehen, welcher Dinge es zur Fähigkeit, gut zu singen oder spielen, bedarf.

S: Wie ich sehe, gibt es mehrerlei, was der Sänger beachten muß; kennt er dies nicht, so wird er kein Kundiger sein können. Aber es ist deine Aufgabe, dies fundierter darzulegen.

L: Einiges hiervon erfordert die Eigenart (*proprietas*) der Töne, anderes erfordert die Beachtung der Zahlengemäßheit (*ratio numerositatis*), noch ein anderes die äußeren Umstände, denen sich die Gesangskultur (*disciplina canendi*) in geeigneter Weise fügt.

S: Welches sind diese Töne?

L: Diese Töne nennen wir hier 'Ptongi', d.h. im Gesang harmonierende Töne (*voculae*), die das Element der Harmonie sind. Wie nämlich das gesprochene Wort aus Buchstaben, so besteht die Harmonie aus *ptongi*.

S: Was erfordert die Eigenart (*proprietas*) der Töne?

L: Daß nichts durch die Mißachtung der natürlichen Qualität mißtönend (*absonum*) wird.

S: Wie entsteht dieser Mißklang (*absonia*) in den *ptongi*?

Fortsetzung des Anfangs der *Scolica enchiriadis* (fehlt im *Düsseldorfer Fragment*)

Ж: *Si aut ignavius pronuntientur aut acutius, quam oportet. Primo namque hoc vitio in humanis vocibus et sonorum qualitas et tota leditur cantilena. Quod fit, ubi, quod canitur, aut segni remissione gravescit aut non rite in sursum cogitur. Quod vitium in quibuslibet musicis instrumentis nequit fieri, eo quod disposito semel ptongorum ordine, vox sua sonis singulis manet. Alia fit dissonantia, quando sonus a sono falso metitur, id est alius pro alio. Tertia dissonantia, quando sonus non respondet sono, quoto loco oportet. Et haec duo vitia ex eadem quidem causa nascuntur, sed in hoc differunt, quod illud in eadem fit neuma, hoc vero in praecinendo et respondendo.*
Δ: Haec duo vitia quomodo eveniant, expone.
Ж: *Quattuor sonitibus competenter sibi diversis dum constet armonia, quisque in suo tantum ordine propriam retinet qualitatem, nec in sua sede alteri dat locum, quorum seriem puto iam notam tenes.*
Δ: Tuae potius insinuationi omnia committo, eos sonos te canente audiam.
Ж: *Ecce canam:*

Sic se habent in iusum.

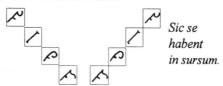

Sic se habent in sursum.

Indita sunt eis antiquitus nomina. Primo, id est gravissimo, protos vel archoos. Secundo deuteros[2], qui tono distat a proto. Tertio tritos qui semitonio distat a deutero. Quarto tetrardus, qui rursus a trito tono disiungitur. Signis quoque

---

2   In *Var. 1*: *deuterus*. Ed. Schmid, S. 62, Krit. App.

Fortsetzung des Anfangs der *Scolica enchiriadis* (fehlt im *Düsseldorfer Fragment*)

L: Wenn sie tiefer gesungen werden oder höher, als es nötig ist. Durch diesen ersten Fehler in den menschlichen Stimmen wird nämlich sowohl die Qualität der Töne als auch der ganze Gesang verletzt. Dies geschieht, wenn das zu Singende durch träges Niedersinken vertieft oder ungehörig in die Höhe gezwungen wird. Dieser Fehler kann in keinem Musikinstrument geschehen; denn sind dort die *ptongi* einmal angeordnet, behält jeder von diesen seine Tonhöhe. Ein anderer Mißklang (*dissonantia*) entsteht, wenn ein Ton falsch im Verhältnis zu einem anderen Ton bemessen wird, d.h., wenn ein anderer statt seiner hervorgebracht wird. Eine dritte Art von Mißklang (*dissonantia*) entsteht, wenn ein Ton einem anderen nicht auf der Stufe (*locus*), auf der er es sollte, entspricht (*respondere*). Und diese beiden Fehler enstehen freilich aus demselben Grund, unterscheiden sich aber darin, daß jenes in einem und demselben Melodieglied (*neuma*) statthat, dieses hingegen beim Vorsingen und Respondieren.

S: Führe aus, wie diese beiden Fehler entstehen.

L: Da die Harmonie aus vier in geeigneter Weise verschiedenen Tönen besteht, behält jeder nur in seiner Ordnung seine eigene Qualität und bietet an seinem Sitz auch keiner anderen Platz. Diese Reihe ist dir - glaube ich - schon bekannt.

S: Lieber möchte ich alles deiner Anleitung überlassen und dich diese Töne singen hören.

L: Hier singe ich:

So verhalten sie sich abwärts

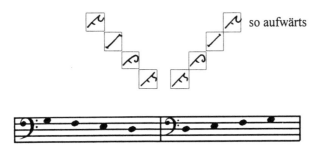

so aufwärts

Man hat sie von Alters her benannt, nämlich den tiefsten *protos* oder *archoos*, den zweiten (der vom *protos* einen Ganzton entfernt ist) *deuteros*, den dritten *tritos* - er steht vom zweiten einen Halbton weit ab - , den vierten *tetrardus* - er bildet wieder einen Ganztonanstand zum dritten. Sie werden auch mit Zeichen

fol. 1r

. *liber scti. liudgeri̅ ưerdena.*

huiusmodi³. Primo est nota ⊦ *dasiaɴ inclinum* · **S** *ad caput ita*
Secundo · **C** · *versum ad caput ita* ·  *Tercio iota simplex et iɴclinum*
ita · ⟋ · *Quarto* **C** *supinum ad caput ita* ·

Δ: Quomodo his quatuor
tantum armonia ac
ɴon potius sonorum
constat multitudine?

Ж: Videlicet iɴnumerabiles
sunt cantilenarum soni.
Sed quaternis et quaternis
eiusdem conditionis in levan[-]
do et deponendo sese conse[-]
quentibus sonorum plura[-]
litas adcrescit. Id quoque
me canente proba.

Sic ergo in omni
concordi sonorum
serie per haec velu[-]
ti tetracorda et
in sursum cantilena et
in iusum vadit, et qua[-]
ternae socialiter sibi
diversae voculae tam[-]
diu competente sibi
successione cohaereɴ.
Donec vel nimium atte[-]
nuatae deficiant vel gra[-]
vatione conticiscant.

Praeterea singuli soni ex praedictis quatuor suis tetracordis president suis item pen[-]
tacordis. Tetracordis scilicet, dum per unumquemque eorum quaterni iɴ ordine deponun[-]
tur ita

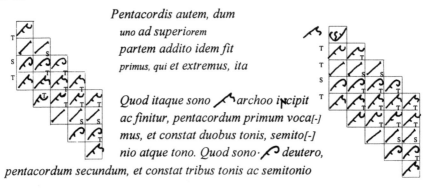

Pentacordis autem, dum
uno ad superiorem
partem addito idem fit
primus, qui et extremus, ita

Quod itaque sono *archoo iɴcipit*
ac finitur, pentacordum primum voca[-]
mus, et constat duobus tonis, semito[-]
nio atque tono. Quod sono·  *deutero,*
pentacordum secundum, et constat tribus tonis ac semitonio

---

3 Fehlt: *notantur* (nur im *Düsseldorfer Fragment*). Ed. Schmid, S. 62, Krit. App.

fol. 1r

Ein Buch von St. Liudger in Werden

wie folgt notiert: Der erste hat eine *dasia* Ⱶ mit einem geneigten S am Kopf wie hier ⌁, der zweite mit einem liegenden C wie hier ⌁ , der dritte hat ein einfaches geneigtes Jota wie hier ╱ , der vierte hat eine *dasia* mit aufwärts gewandtem C am Kopf wie hier ⌁.

S: Wieso besteht die Harmonie nur aus diesen vier und nicht vielmehr aus einer Vielzahl von Tönen?

L: Tatsächlich sind die Töne der Gesänge unzählig. Aber diese Vielzahl von Tönen erwächst daraus, daß immer je vier von gleicher Bedingung sowohl beim Aufsteigen als auch beim Absteigen aufeinanderfolgen. Überzeuge dich davon, wenn ich singe:

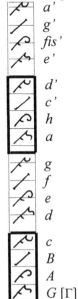

So nämlich steigt und fällt in jeder harmonischen Reihe von Tönen der Gesang (*cantilena*) sozusagen in diesen Tetrachorden, und je vier in gemeinschaftsstiftender Weise unterschiedliche Töne (*voculae*) bilden so lange in geeigneter Aufeinanderfolge miteinander einen Zusammenhang, bis sie in der Höhe vor Dünne verstummen (*donec nimium attenuatae deficiant*) oder in der Tiefe (*gravatione*) ersticken.

Außerdem steht jeder der vier besagten Töne seinem Tetrachord voran, und ebenso auch seinem Pentachord. Seinem Tetrachord, wenn folgendermaßen von jedem aus abwärts vier der Reihe nach gebildet werden:

= z.B.

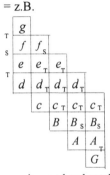

Seinem Pentachord aber, wenn folgendermaßen nach Anfügung einer Stufe oben ein gleicher (Ton) erster wird, wie es der letzte ist:

Das Pentachord, das mit dem *archoos* ⌁ beginnt und schließt, nennen wir das erste; es besteht aus zwei Ganztönen, einem Halb- und einem Ganzton. Das Pentachord vom *deuteros* ⌁ aus nennen wir das zweite, und es besteht aus drei Ganztönen und einem Halbton.

= z.B.

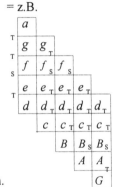

fol. 1v

Quod sono · ⟋ · trito, pentacordum tercium, et constat semitonio atque tribus tonis.
Quod sono · ↝ tetrardo, pentacordum quartum, et constat tono ac semitonio et
duobus tonis. Δ: Tonus quid est? ♓: Legitimum acuminis vel gravitatis spacium
inter sonum ac sonum veluti inter cordam et cordam. Δ: Quid vero semitonium? ♓: Se[-]
mitonia vel limmata dicimus non plena sonorum spacia. Quae tamen suo loco posi[-]
ta et suam sonis proprietatem tribuunt, et in concordiae suavitate cantilenam continen.
Non suo autem loco posita, dissentire faciunt mela. Nam sciendum, in sonorum serie
tunc naturalem ordinari qualitatem, dum naturali ad invicem spacio metiuntur.
At si falso metiatur sonus a sono, in aliam mox qualitatem migrat coeptumque
transvertit ordinem, et haec ex supradictis duobus vitiis prior dissonantia est.
Δ: *Lucida, rogo, exemplificatione aperias, qualiter huiusmodi sese absonia habeat.*
♓: *Temptabo, prout possum, tu attentus adsis. Sonus ↝ deuterus cum semper intervallo*
   semitonii subiungatur trito · ⟋ Tritus vero a superiore sui parte habeat· ↝
   tetrardum · ↻ Deuterus vero ab inferiore sui parte habeat · ↜ protum, ita:
  Notabis in quolibet tetracordo hos duos ptongos · ↝ tetrardum et ↜ protum.
  Si enim ascendendo in sursum proxime post ↜ protum sonum metiatur ⟋ Tritus,
  veluti post ↻ deuterum, haec una erit absonia. Item si descendendo in iusum
  proxime post ↝ tetrardum sonum metiatur ↻ Deuterus, veluti post ⟋ tritum,
  haec altera erit absonia. Δ: Qualiter? ♓: Dic recensendo in sursum pentacordum
  a ↝ tetrardo, ut isdem descendas gradibus

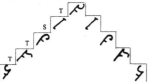

                  Δ: *Dixi. ♓: Idem et ego dicam, mox subjungens*
                  aliud, ubi aliquid a priore ordine transmu[-]
                  tetur, videlicet loco tercio quasi post deuterum
                  metiendo tritum. Ita

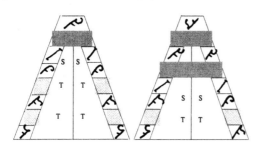

               ♓: *Numquidnam hic sen[-]*
                  tis haec gemina pen[-]
                  tecorda ad invicem
                  non consentire? Δ: Sen[-]
                  tio plane et deprehen[-]
                  do non redire pentecordum
                  secundum ordine, quo
                  coeptum est. ♓: Ita est:
                  A · ꝛ · tetrardo enim

fol. 1v

Das Pentachord vom *tritos* ╱ aus nennen wir das dritte, und es besteht aus einem Halb-
und drei Ganztönen. Das vom *tetrardos* ∿ aus nennen wir das vierte, und es besteht
aus einem Ganzton, einem Halbton und zwei Ganztönen. S: Was ist ein Ganzton? L: Der
gesetzmäßige Höhen- und Tiefenabstand zwischen Ton und Ton wie zwischen Saite und
Saite. S: Was aber ist ein Halbton? L: Halbtöne oder Resträume (*limmata*) nennen wir
unvollständige Tonabstände. Doch wenn sie an ihrer eigenen Stelle stehen, verleihen sie
ebenso den Tönen ihre Eigenart, wie sie die Melodie in der Süße der Harmonie halten.
Stehen sie aber nicht an ihrer eigenen Stelle, lassen sie die Melodie mißtönen (*dissentire*).
Denn es ist zu wissen, daß in der Reihe der Töne nur dann die natürliche Qualität
zustande kommt, wenn sie mit natürlichem Abstand voneinander gemessen werden. Aber
wenn ein Ton mit falschem Abstand vom anderen Ton gemessen wird, verwandelt sich
seine Qualität sogleich in eine andere und verkehrt die angefangene Ordnung; und dies
ist von den oben genannten beiden Fehlern der erste Mißklang (*dissonantia*).
S: Erkläre mir durch einleuchtende Beispiele, wie sich ein klangliches Abweichen
dieser Art verhält. L: Ich will es versuchen, so gut ich kann; sei du aufmerksam. Da der
deuterus ∫ immer durch einen Halbton mit dem *tritos* ╱ verbunden ist, der *tritos* aber
über sich den *tetrardus* ∿ und der *deuterus* ∫ unter sich den *protus* ∿ hat - wie folgt -,
∿ wirst du in jedem beliebigen Tetrachord die beiden Töne *tetrardus* ∿ und *protus* ∿
╱ erkennen . Wird nämlich aufsteigend unmittelbar nach dem *protus* ∿ der *tritos* ╱
∫ gemessen wie nach dem *deuterus* ∫, wird daraus ein Mißklang (*absonia*). Ebenso
∿ wenn absteigend unmittelbar nach dem *tetrardus* ∿ ein *deuterus* ∫ gemessen wird
∿ wie nach dem *tritos* ╱, so wird dies ein anderer Mißklang. S: Wie das? L: Singe
mitzählend (*dic recensendo*) ein vom *tetrardus* ∿ aufsteigendes Pentachord und
steige dessen Stufen wieder hinab.

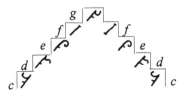

S: Dies habe ich getan. L: Das Gleiche will auch
ich singen und gleich danach ein anderes
(Pentachord) folgen lassen, wo etwas an der
früheren Ordnung verändert wird, indem nämlich
an dritter Stelle ein *tritos* gleich wie nach einem
deuterus gemessen wird, folgendermaßen:

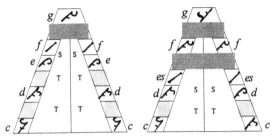

L: Hörst du, wie diese beiden
Pentachorde voneinander
abweichen? S: Ich höre
deutlich und nehme wahr,
daß das Pentachord nicht
gemäß der Ordnung
zurückkehrt, gemäß der es
ausgegangen ist. L: So ist es.
Während es im *tetrardus* ∫

fol. 2r

*incipiens, i*ɴ 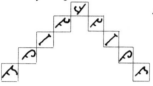 *arch*^oon *devenit, quia in priori latere non pervenit ad men[-]*
suram 𝄢 *deuteri, sed breviori intervallo sonus* ╱ *tritus loco deuteri* men[-]
suratur, quod linea, non paginula, interiecta designat. ♓: *Dic etiam* pentacor[-]
dum a ↗ *proto*

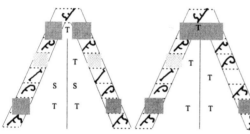

Δ: *Dixi.* ♓: *Dicam et ego hoc idem, dehinc* paululum ab
hoc ordine declinans in sequenti latere 𝄢 deute[-]
rum sonum ↝ *tetrardo quasi* ╱ *trito subiun[-]*
gam ita

♓: *Sensisti et hic* pentacordum
ab ordine declinasse
nec reverti, ut coepit?
Δ: *Sensi utique.* ♓: *Vides[-]*
ne ↗ *proto sono incho[-]*
atum 𝄲 *tetrardo finiri?*
Δ: *Prorsus video.* ♓: *Ad[-]*
tende etiam, quomodo,
si utrumque latus per haec

non plena intervalla lesero, rursus ad sonum, a quo coepit, redeat.
Sit pent. ↗ *tetrardi*

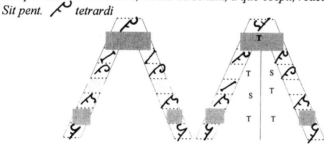

♓: *Hoccine sensui tuo patuit?* Δ: *Patet* prorsus et describendo oculis, et sonando
auribus in neutro *latere ordinem perstitisse.* ♓: *Limmata ergo haec non plena*
spacia vocari solent et per ea *interdum vel modus a modo transfertur vel per eadem*
restituitur, sicut in cantibus satis observari *poterit.* Δ: ɳum *pro vitiis ea reputa[-]*
bimus? ♓: *Vitia nimirum sunt, sed sicut barbarismi et* soloecismi metris plerumque
figuraliter intermiscentur, ita limmata interdum de industria cantibus

fol. 2r

beginnt, endet es im *archoos* ∧, weil es an seiner ersten Seite nicht dazu gelangt, einen
deuterus ∧ zu messen, sondern durch ein kürzeres Intervall ein *tritus* / statt des
deuterus gemessen wird, was die Linie anstelle des Kästchens andeutet. L: Sing auch ein
Pentachord vom *protos* ∧ aus.

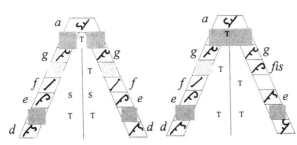

S: Ich habe es getan. L: Auch ich will dasselbe
singen, dann aber ein wenig von dieser Ordnung
abweichen und auf der folgenden Seite den
deuterus ∧ an den *tetrardus* ∧ gleich wie an
einen *tritus* / anschließen, so:

L: Hast du gehört, daß auch hier
das Pentachord von der Ordnung
abgewichen und anders zurück-
gekehrt ist als es begonnen hat?
S: Ich habe es sehr wohl gehört. L:
Siehst du, daß das mit dem *protos*
∧ Begonnene mit dem *tetrardus*
∧ endet? S: Auch dies sehe ich.
L: Dann beobachte auch, wie es zu
seinem Ausgangston zurückkehrt,
wenn ich beide Seiten durch diese

nichtvollen Abstände entstelle.
Bilde das Pentachord auf dem *tetrardus* ∧.

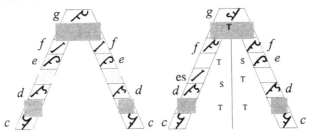

Ist dies dir deutlich geworden? S: Es ist vollkommen klar, sowohl schriftlich für die
Augen, als auch akustisch für die Ohren, daß auf beiden Seiten die Ordnung nicht
eingehalten wurde. L: Restintervalle (*limmata*) werden diese nichtvollen Zwischenräume gewöhnlich genannt, und es wird durch sie zuweilen ein *modus* in einen anderen
überführt (*transfertur*) oder wiederhergestellt, wie sich das in den Gesängen hinreichend
beobachten läßt. S: Werden wir sie etwa als Fehler betrachten? L: Fehler sind es freilich;
aber wie Barbarismen und Seleucismen den Metren meistens figürlich beigemischt
werden, so werden auch Halbtöne (*limmata*) zuweilen mit Fleiß den Gesängen

fol. 2v

inseruntur. Sed adhuc alia vicia videamus. Tercia enim fit absonia primae
contraria, utpote si in priore latere a 🜚 *Deutero veluti a* 🜚 *proto alius meti[-]*
atur deuterus abusivo spacio, id est iusto longiore. Sit itaque rursus pentacordum
tetrardi, cui haec vicii species subiungatur

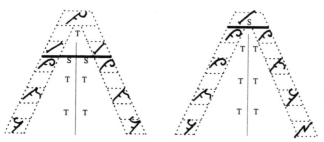

Δ: Deprehendo et absoniam istam. ℋ: Vide et quartam absoniae formam in hoc
genere, quae est contraria secundae, id est si in sequenti latere a ⟋ *trito quasi*
a 🜚 *tetrardo* ⟋ *tritus alius metiatur. Sit pent. a* 🜚 *proto*

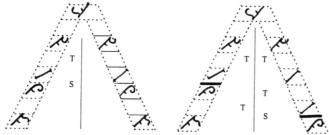

Δ: Et id dinosco, quia pro eo, quod a ⟋ *trito sono* 🜚*deuterus metiretur, abusive tritus*
⟋ *a trito quasi a* 🜚 *tetrardo, longiori quam oportuit metiatur spacio. ℋ: Quod si etiam*
tale pentacordum subiungamus, quod his viciis utroque ledatur latere, huius[-]
modi erit absonia
Sit pent̄. tetrardi

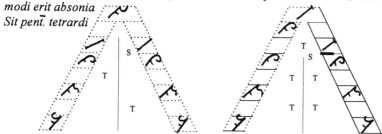

fol. 2v

beigemischt. Doch laß uns noch andere Fehler betrachten. Ein dritter Mißklang (*absonia*), der dem ersten entgegengesetzt ist, entsteht, wenn z.B. auf der ersten Seite vom *deuterus* ⌒ aus gleich wie nach einem *protos* ⌒ ein weiterer *deuterus* durch einen mißbräuchlichen Zwischenraum, d.h. einen größeren als gehörig, gemessen wird. Es sei also wieder ein Pentachord vom *tetrardus* aus gebildet, dem dann diese Art von Fehler angehängt werde:

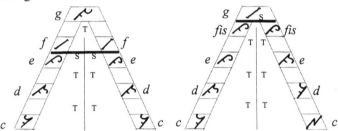

S: Ich nehme auch diesen Mißklang (*absonia*) wahr. L: Siehe auch die vierte Form des Mißklangs in dieser Fehlerart, die der zweiten entgegengesetzt ist, wenn nämlich auf der Folgeseite vom *tritus* ╱ aus gleich wie von einem *tetrardus* ⌒ aus ein weiterer *tritus* ╱ gemessen wird. Es sei ein Pentachord vom *protus* ⌒ aus gebildet:

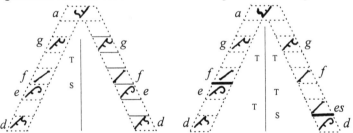

S: Auch dies erkenne ich, denn statt daß vom *tritus* ╱ aus ein *deuterus* ⌒ gemessen würde, wird mißbräuchlich ein *tritus* ╱ vom *tritus* gleich wie von einem *tetrardus* ⌒ aus gemessen, mit einem übergroßen Zwischenraum. L: Wenn wir auch ein solches Pentachord anfügen, das beiderseits von diesem Fehler gestört wird, entsteht ein Mißklang dieser Art.
Gebildet sei ein Pentachord vom
tetrardus aus:

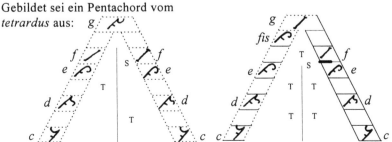

Fortsetzung von fol. 2v

(Nach der Fassung der *Bamberger* Handschrift *Var. 1;* fehlt im *Düsseldorfer Fragment*)

Δ: Absonum certe, nec suave quid resonans.

♓: Hoc ergo intellecto, qualiter sonus a sono falso metitur, videamus, quomodo et[4] hoc eveniat, ut, si, quotis locis oportet, soni ad sonos non respondeant, concordantia ad invicem mela non resonent.

Δ: Et id utique posco.

♓: Huc, inquam, ades, ac vide, quomodo in tetracordis vel pentacordis quaternae varietatis ordo disponitur, ut, quotus ab alio quilibet constet sonus, liquido contempleris. Nam sicut in coloribus, si sint quaterni et quaterni locati ex ordine in lineamque dispositi, verbi gratia, rubeus, viridis, gilbus, niger, necesse est[5], ut quisque color tribus aliis interpositis per quintana loca reperiatur, ita et in sonis evenit, ut, dum sese nova semper iteratione consecuntur, cuique in utramque partem quintis locis a suo compare respondeatur.

Δ: Quomodo inquis compares, qui acumine et gravitate sunt dispares?

♓: Acumine quidem sunt et gravitate differentes, quadam tamen sibi sunt naturali[6] socialitate concordes. Deinde sonus quisque quem in hoc aut illo latere secundum habet, in alio latere habet quartum, quem tertium in hoc latere, eundem tertium in alio. Sed haec dixerim iuxta quod in continuatione tetracordorum quaternae varietatis ordo disponitur.

Δ: Ad dinoscendum autem, quis sonus ille vel ille sit, velim cognoscere in singulis suae proprietatem qualitatis.

---

4 In *Var. 1: et quomodo.* Ed. Schmid, S. 72, Krit. App.

5 In *Var. 1* umgestellt: *Nam sicut in coloribus, si sint verbi gratia quaterni et quaterni locati ex ordine, rubeus, viridis, gilbus, niger, in lineamque dispositi, necesse est ...* . Ed. Schmid, S. 72, Krit. App.

6 *naturali* fehlt in *Var. 1.* Ed. Schmid, S. 73, Krit. App.

Fortsetzung von fol. 2v

(Nach der Fassung der *Bamberger* Handschrift *Var. 1;* fehlt im *Düsseldorfer Fragment*)

S: Es ist freilich mißtönend und gar nicht süßklingend.

L: Nachdem verstanden ist, wie ein Ton falsch von einem anderen aus gemessen wird, wollen wir auch sehen, wie es dazu kommt, daß Melodien nicht miteinander konkordieren, wenn Töne nicht auf den Stufen (*loci*), auf denen sie es sollten, anderen Tönen entsprechen (*respondere*).

S: Auch darum bitte ich dich.

L: Komm her, sag ich, und schau an, wie in den Tetrachorden oder Pentachorden die Ordnung der vierfachen Verschiedenheit geregelt ist, so daß du klar betrachten kannst, an wievielter Stelle ein jeder Ton vom anderen auftritt. Denn wie bei Farben, die zu je vieren der Reihe nach aufeinanderfolgend linear angeordnet sind, nämlich rot, grün, gelb, schwarz, notwendig jede nach den drei anderen dazwischen an jeweils fünfter Stelle wiederkehrt, so findet auch bei den Tönen, die in stets erneuter Wiederholung aufeinanderfolgen, jeder beiderseits an fünfter Stelle seinesgleichen (*compar*).

S: Wie kannst du von seinesgleichen sprechen, wo sie doch der Höhe und Tiefe nach verschieden sind?

L: Der Höhe und Tiefe nach sind sie freilich verschieden; dennoch stimmen sie durch eine gewisse natürliche Verwandtschaft (*socialitas*) überein. Sodann hat jeder Ton den Ton, den er auf der einen Seite als zweiten hat, auf der anderen als vierten, und welchen er auf der einen als dritten hat, auch auf der anderen als dritten. Aber dies will ich unter der Voraussetzung gesagt haben, daß bei der Fortsetzung der Tetrachorde die Ordnung vierfacher Verschiedenheit etabliert wird.

S: Um aber zu erkennen, welcher Ton dieser oder jener ist, möchte ich bei allen die Eigenart ihrer Qualität kennenlernen.

Fortsetzung von fol. 2v (fehlt im *Düsseldorfer Fragment*)

ℵ: *Iure id poscis. Etenim lucente prius sonorum proprietatis qualitate minus erratur in ceteris. Sed haec posse dinoscere facili exercitacione*[7] *obtinebitur. Ergo sume aliquid canere, quod in sonum verbi gratia* ⌐ *archoum*[8] *finiat, aliud mox subiungendum, quod ab eodem sono incipiat vel a suo compare superiore sive inferiore, sive inchoet a sono* ⌐ *tetrardo, aut a sono* ╱ *trito, aut a sono* ∫ *deutero. Igitur nisi id, quod subiungendum est et a sono* ⌐ *archoo incipit, aut equale ponas cum finali sono praecedentis meli, eodem dumtaxat* ⌐ *archoo, aut quinto loco superius seu quinto loco inferius, id autem, quod a sono* ⌐ *tetrardo inchoat, aut secundo loco inferius aut quarto loco superius, porro id, quod a sono* ╱ *trito inchoat, aut tertio loco inferius aut tertio loco superius, at vero illud, quod a sono* ∫ *deutero incipit, aut secundo loco superius aut quarto loco inferius, ad subiectam sonorum descriptionem, minime id, quod subsequitur*[9]*, concordare potest cum eo quod praecedit.*

Et in omnibus sonis idem evenit, ut scilicet in uno concordiae corpore convenire ⌐ [T] *nequeant, quod subinfertur quodque praecinitur, si vel supra vel infra mutuo* ⌐ [T] *copulentur, quam finem huius et invicem*[10] *initium illius mensura propria metitur.* ╱ [T] *Quapropter ubi oportet, ut haec concordia observetur, necesse est, finientes et* ∫ [S] [T] *incipientes soni naturali ad invicem ordine metiantur. Ubi vero id neglegitur vel* ⌐ [T] *opus non est observari, in semetipsis quidem, quae canuntur, sonis concordibus ire* ⌐ [T] *possunt, sibimet vero subiuncta concordabiliter ad invicem uniri non possunt; sed* /V *cantoris peritiae esse debet ad sciendum, ubi aliud post aliud concorditer subiungi* ∫ [S] *conveniat, vel ubi necesse non sit. Et de hac quoque discrepantia satis dictum.* ⌐ [T] *Sciendum tamen, quod prima concordatio haec est, quae fit praefato modo ad meli ductum. Altera est concordatio paulo minor, dum vel elationis difficultatem mitigare volentes vel submissiorem gravitatem erigere aut in sursum aut in iusum quintana transpositione subiungimus. Est et tertia concordatio, quae fit octava sonorum regione, id est dum in novam vocem vel acutiorem melos mutamus. Atque his collationibus cantionum quaedam unanimitas servari potest. Aliter autem non potest, nisi forte ex integro melum quodlibet in modum alium transponendo mutetur. Si melum quodlibet in eadem sonorum serie unius aut duorum seu trium tonorum spacio acutius aut gravius transposueris, simul etiam tropi modus in aliam speciem migrat.*

---

7 In *Var. 1*: *exercitio*. Ed. Schmid, ebenda.
8 In *Var. 1*: *archoon*. Ed. Schmid, ebenda.
9 In *Var. 1*: *sequitur*. Ed. Schmid, S. 74, Krit. App.
10 *invicem* fehlt in *Var. 1*. Ed. Schmid, S. 75, Krit. App.

Fortsetzung von fol. 2v (fehlt im *Düsseldorfer Fragment*)

L: Zu Recht wünschst du dies. Denn wenn zuvor die Qualität der Eigenart der Töne klar ist, irrt man weniger im Übrigen. Aber die Fähigkeit, dies zu erkennen, erwirbt man durch eine leichte Übung. Beginne also etwas zu singen, das z.B. im Ton *archoos* ⟋⟍ endet, und schließe sogleich ein anderes an, das im selben Ton beginnt oder in seinem oberen oder unteren Pendant (*compar*), gleich ob es im *tetrardus* ⟋⟍, im *tritos* ⟋ oder im *deuterus* ⟋⟍ beginnt. Nur wenn du die anzuschließende und im Ton *archoos* ⟋⟍ beginnende Melodie gleich ansetzt mit dem Schlußton der vorausgehenden Melodie, also im nämlichen Ton *archoos* ⟋⟍ , oder fünf Stufen höher oder tiefer, und wenn du die im *tetrardus* ⟋⟍ beginnende Melodie auf der zweiten Stufe abwärts oder vierten aufwärts, und die im *tritus* ⟋ beginnende auf der dritten Stufe auf- oder abwärts, und die im *deuterus* ⟋⟍ beginnende jedoch auf der zweiten Stufe aufwärts oder der vierten Stufe abwärts beginnst, wie es der folgenden Veranschaulichung der Töne entspricht, kann die anzuschließende Melodie mit der vorangestellten harmonieren.

Und in allen Tönen geschieht das Gleiche, nämlich daß das Nachfolgende mit dem Vorausgehenden nicht in einem gemeinsamen Harmoniekörper (*corpus concordiae*) zusammengeht, wenn sie höher oder tiefer miteinander verbunden werden, als das richtige Maß das Ende des letzteren im Verhältnis zum Anfang des ersteren besagt. Deshalb ist es notwendig, daß dort, wo diese Harmonie gewahrt werden muß, die betreffenden Schluß- und Anfangstöne innerhalb der natürlichen Töneordnung gegenseitig bemessen werden. Wo dies aber vernachlässigt wird oder nicht beachtet werden muß, können die Gesänge zwar innerhalb ihrer selbst sich in harmonierenden Tönen ergehen, doch nicht mit dem ihnen Folgenden eine Einheit bilden; doch obliegt es der Erfahrung des Sängers, zu wissen, wo schicklicherweise ein Gesang harmonisch dem vorausgehenden anzuschließen ist und wo es nicht notwendig ist. Damit ist auch von diesem Auseinanderklaffen (*discrepantia*) genug gesagt. Es ist jedoch zu wissen, daß die erste Konkordanz (*concordatio*) diejenige ist, die in besagter Weise gemäß dem Duktus der Melodie geschieht. Eine zweite Konkordanz ist viel geringer, wenn wir nämlich eine Quint nach oben oder unten transponierend fortfahren, sei es, um die Schwierigkeit des Ambitus abzumildern, sei es, um etwas zu tief liegendes nach oben zu bringen. Es gibt noch eine dritte Konkordanz, die in der Oktav zustandekommt, wenn wir die Melodie in eine neue, höhere Stimme verlagern. Und mit diesen Zusammenstellungen läßt sich eine gewisse Übereinstimmung wahren. Anders aber geht es nicht, sofern nicht eine Melodie gänzlich unter Transposition in einen anderen *modus* verwandelt wird. Wenn wir irgendeine Melodie im selben Tonsystem um das Intervall von einem, zwei oder drei Tönen transponieren, wandelt sich auch der *tropus* in eine andere Art.

Fortsetzung von fol. 2v (fehlt im *Düsseldorfer Fragment*)

Δ: Da exemplum huius migrationis.

Ж: Quomodo si tetracorda vel pentacorda quina in ordine cecinero hoc modo

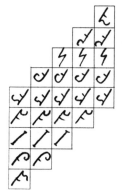

Ж: Quemadmodum, inquam, ita canendo proti modi pentacordum uno spatio acutius factum in deuteri pentacordum mutatur, a deutero in tritum transit, a trito in tetrardum, a tetrardo rursus redit in protum, ita quicquid uno vel duobus seu tribus tonis ex integro altius graviusve transposueris, simul in modum alium transmutabitur.

Exempli gratia usitata neuma regularis ad primum tonum haec est

ʍo ✔ an ℳ no / ℳ e ℳ a / ℳ ne ℳ[11]

Ergo huius neumae regularis si totam constitutionem uno spacio altiorem fecero, mox ex proto tono deuterus fiet. Similiter a deutero transposita in tritum modum[12] deveniet. Rursus a trito tono si uno levetur spacio, tetrardus succedit. Adhuc unius spacii acumen dum acceperit, protus denuo nascitur. Quid[13], si descriptiunculis quoque haec eadem exemplificarentur, nonne apertiora quaeque fierent veluti posita sub aspectum[14]?

Δ: Ita nimirum est[15].

Ж: Quinas ergo descriptiunculas linealiter disponamus, quae gradatim sibi coherentes huiusmodi tonorum transitiones exprimant hoc modo

11   In *Var. 1:* ʍo ✔ an ℳ o / o ℳ e ℳ a / a ℳ e ℳ e ✔. Ed. Schmid, S. 77, Krit. App.
12   In *Var. 1: tonum* statt *modum.* Ed. Schmid, ebenda.
13   In *Var. 1:* Δ vor *Quid.* Ed. Schmid, ebenda.
14   In *Var. 1: aspectu.* Ed. Schmid, ebenda.
15   In *Var. 1:* Ж statt Δ, das folgende Ж fehlt. Ed. Schmid, S. 78, Krit. App.

Fortsetzung von fol. 2v (fehlt im *Düsseldorfer Fragment*)

S: Gib mir ein Beispiel für eine solche Wandlung.
L: Wie wenn ich fünf Tetra- oder Pentachorde folgendermaßen der Reihe nach singe

und wie (sage ich) sich dabei das um einen Zwischenraum
erhöhte Pentachord des *protus-modus* in das Pentachord des
deuterus verwandelt, vom *deuterus* in den *tritus*, vom *tritus*
in den *tetrardus*, und vom *tetrardus* wiederum in den *protus*
zurückkehrt, so wird, was auch immer du als Ganzes um
einen, zwei oder drei Töne nach oben oder unten
transponierst, sogleich auch in einen anderen *modus*
verwandelt.
Zum Beispiel: Die übliche Regelmelodie (*neuma regularis*)
zum ersten *tonus* lautet folgendermaßen:

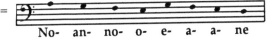

Wenn ich also die ganze Anlage dieser Beispielmelodie um einen Zwischenraum höher
transponiere, wird sogleich ein *protus* ein *deuterus*. Ähnlich wird durch ihre
Transposition aus dem *deuterus* ein *tritus*. Wiederum wird aus dem *tritus*, wenn sie um
einen Zwischenraum angehoben wird, ein *tetrardus*. Wenn sie nun wiederum um einen
Zwischenraum erhöht wird, ergibt sich erneut ein *protus*. Was [meinst du], wenn
dasselbe auch durch graphische Darstellungen veranschaulicht würde, würde nicht alles
viel klarer, so wie wenn es vor Augen gestellt wäre?
S: So ist es zweifellos.
L: Wir wollen also die graphischen Wiedergaben auf Linien ordnen, so daß sie,
stufenweise zusammenhängend, besagte Wandlungen der Tonarten folgendermaßen
ausdrücken:

fol. 3r

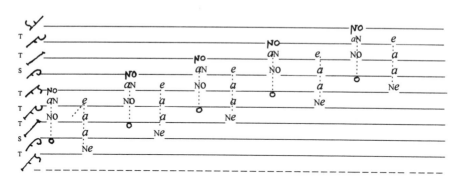

Prima descriptiuncula proti modi, Secunda deuteri, tertia triti, quarta
tretrardi, quinta rursus eiusdem quae prima. Atque ad hunc modum, ut dictum est,
quodcumque melum transposueris, in aliam modi speciem mox vertetur. Et si maioris sit tropi
<small>ante transmutationem,</small> *maior quoque tropus erit, in quemcumque fuerit transmutatum. Tropi*
autem vel modi sunt, quos abusive tonos dicunt, quorum singulorum differentias numerum
iam puto didiceris. Δ: *Atqui didici.* Ж: *Dic mela quaelibet ad primum modum, ad secundum*
quoque et reliquos. Δ: *Ecce modus primus, ecce secundus, en tertius, en etiam quartus.*

Ж:*Dic nunc, quoniam quadam diversitate ab invicem differre auribus iudicatur, quae sit causa di[-]*
versitatis? Δ: *Diversi quidem ab invicem discernibili quadam suae proprietatis specie sentiuntur,*
sed qua ex causa eveniat, miror. Ж: *Ut hoc aliquantulum patere incipiat, da tetracordum*
vel certe pentecordum primum.   Δ: *E*ℕ *cecini.* Ж: *Huc adhibe proti quas*[16] *volue[-]*
      ris modos, et videbis omnia, quae ad protum modum canuntur, sono ⟡[17]. Δ: *Sic equidem*
      video finiri[18]. Ж: *Da nunc aliud pentecordum, quod sit uno spacio altius, incipiens*
      a sono ⟡ *deutero, et in eo consistens.* Δ: *Et hoc ita canitur.*

Ж: *Cane et mela modi deuteri, et confer cum sono* ⟡ *deutero, si in ipso forte fini[-]*
      antur. Δ: *Utique faciunt.* Ж: *Da nunc tertium pentecordum bino altius spacio,*
      quod scilicet a sono ⟡ *trito incipiat, et in ipsum deponatur.* Δ: *Et hoc eiusmodi*[19] *est.*

Ж:⟡   *Huc adhibe tritos modos et* ⟡ *trito sono terminari invenies.* Δ: *Ita certe.*

Ж:⟡   *Da nunc altius spaciis tribus, id est a sono* ⟡ *tetrardo pentecordum quartum.*

    Δ: *Id* ⟡ Ж: *Vide nunc tetrardos modos, an eos sentias in sono* ⟡ *tetrardo*

    hoc ⟡ *consistere.* Δ: *Sentio verissime.* Ж: *Da nunc pentecordum quintum,*

    modo ⟡ *et rursus novo tetrarcordo idem sonorum ordo modorumque revertitur.*

    fit ⟡ Δ: *Et hoc certe mirandum.* Ж: *Virtus ergo sonorum quatuor quaeque mela*
         modificat. Qua propter nota nunc tibi in quatuor illis

---

16   = *quos* (nur im *Düsseldorfer Fragment*). Ed. Schmid, S. 80, Krit. App.
17   Fehlt (nur im *Düsseldorfer Fragment*): *proto finiri*. Ed. Schmid, ebenda.
18   *finiri* nur im *Düsseldorfer Fragment*. Nachtrag zur Zeile davor?
19   *eiusmodi* nur im *Düsseldorfer Fragment* und in *Var. 1*, sonst *huiusmodi*. Ed. Schmid, S. 81, Krit. App.

fol. 3r

No- an- no- o- e- a- a- ne   No- an- no- o- e- a- a- ne

No- an- no- o- e- a- a- ne   No- an- no- o- e- a- a- ne

No- an- no- o- e- a- a- ne

Das erste Notat gehört dem *protus* an, das zweite dem *deuterus*, das dritte dem *tritus*, das vierte dem *tetrardus* und das fünfte wieder dem gleichen wie das erste. Und welche Melodie auch immer du - wie gesagt - auf diese Weise transponierst: immer wird sie sich dabei einer anderen Tonart zuwenden. Und wenn die Melodie vorher einem authentischen *tropus* angehört, entsteht wiederum ein authentischer *tropus*, in welchen auch immer sie transponiert wird. Unter *tropi* oder *modi* ist zu verstehen, was mißbräuchlich *toni* genannt wird, deren jeweiligen Verschiedenheiten und Zahl du, wie ich meine, schon gelernt hast. S: Und ob ich die schon gelern habe! L: Dann singe beliebige Melodien im ersten *modus*, auch im zweiten und in den übrigen. S: Hier ist der erste *modus*, hier der zweite, dann der dritte und auch der vierte. L: So sag nun, da sie doch von den Ohren als durch eine gewisse Verschiedenheit voneinander abweichend beurteilt werden, was der Grund für ihre Verschiedenheit ist. S: Tatsächlich werden sie durch eine unterscheidbare Art (*species*) ihrer Eigenart als verschieden empfunden; aber aus welchem Grund dies geschieht, ist mir nicht klar. L: Damit dies dir ein wenig klarzuwerden beginnt, singe ein erstes Tetrachord oder besser ein Pentachord. S: Da habe ich eins gesungen. L: So halte

$_T$ _e'_ beliebige Weisen (*modi*) im *protos* daneben, und du wirst sehen, daß alles, was im
$_T$ _d'_ *protus-modus* gesungen wird, im Ton ⌐ endet. S: So sehe ich sie tatsächlich en-
$_S^T$ _c'_ den. L: So sing nun ein anderes Pentachord, das um einen Zwischenraum höher ist
L: _h_ und vom Ton *deuterus* ⌐ ausgeht und auf ihm beruht. S: Dies nun ist so zu singen:
$_T$ _a_ So singe nun auch Melodien im *deterus-modus* und vergleiche mit dem Ton
_g_ *deuterus* ⌐, ob sie wohl in diesem enden. S: Sie tun es tatsächlich. L: So sing nun
ein drittes Pentachord, das um zwei Zwischenräume höher ist und also vom Ton
L: _f_ *tritus* ⌐ ausgeht und zu ihm zurückkehrt. S: Dieses geht nun folgendermaßen:
$_S$ _e_ Halte neben diesem nun Weisen im *tritus*, und du wirst finden, daß sie im Ton
$_T$ _d_ *tritus* ⌐ schließen. S: In der Tat. [L:] So singe nun ein um drei Zwischenräume
_c_ höheres, d.h. vom Ton *tetrardus* ⌐ ausgehendes, viertes Pentachord.

$_T$ _c_ S: Dieses ⌐_g_ L: So schau nun bei den Weisen im *tetrardus-modus*, ob du sie
_B_ lautet $_T$ ⌐_f_ im Ton *tetrardus* ⌐ schließen hörst. S: Ich höre es wahrhaftig.
folgender- $_S$ ⌐_e_ L: So sing nun ein fünftes Pentachord, und mit dem wiederum
maßen: $_T$ ⌐_d_ neuen Tetrachord kehrt auch die gleiche Ordnung von Tönen
$_T$ ⌐_c_ und *modi* wieder. S: Auch dies ist wunderbarerweise so.
L: Die Wirkkraft (*virtus*) der vier Töne modifiziert also
jegliche Melodie. Darum merke dir nun in jenen vier

fol. 3v

ptongis vim varietatis mirabilem et suam cuiusque faciem, qua singuli ab invicem
diversitate differant et secundum se modorum faciant differentias. Δ: Haec quidem ut[-]
cumque videre me videor. Miror autem, cum octo computari soleant, Tu his sonis non
magis quam modos quattuor procreari *dixeris. ℋ: Octo constat modos nos solere com[-]*
putare. Ita tamen, ut bini modi, id est maior cum minore, a singulis in tetracordo
sonitibus moderentur, et ob hoc uni deputantur modo, qui eodem reguntur sono.
Scilicet ⟋⌐ archio[20] vel proto Autentus protus et plagis, ⟋⌐ Deutero Deuterus au[-]
tentus et plagis, ⟋ Trito autentus tritus et plagis, ⟋⌐ Tetrardo tetrardus aut. *et plagis.*
Sane autentum dicimus auctoralem, plagin subiugalem seu lateralem. Sic igitur sin[-]
guli et suae proprietatis qualitate sunt dinoscibiles, et suis quique tetracordis et penta[-]
cordis praesident, et, ut dictum est, tonos modosve discernunt.

Δ: Ergone solius soni finales[21] virtus quemlibet modum efficit, ut ob id tropus vel modus
illius aut illius soni dicendus sit, quod in eo finis meli constiterit? ℋ: Praecipue quidem
videtur vis cuiuslibet tropi ob id in quolibet finali sono consistere, quod in eo tro[-]
pus finiendo constiterit. Additur hoc tamen, quod sonus idem finalis et sociales
sui frequentiores in commatum vel colarum fine versantur. *Sociales autem suos*
quisque sonus non solum quintis habet regionibus, sed et quartis locis alios sibi
quaerit compares, qui tertiae symphoniae locus est. *Itaque in particulis, quae*
membra sunt cantionis, pene semper cola vel commata has in levando aut in ponen[-]
do *sonorum socialitates petunt, et in eas vel arsis quaerit attingere vel thesis.*
Exemplorum satis legitima mela afferunt, *quae ne longius* quaeramus,
aspice, quam in manibus tenemus, neumam regularem *vel particulam, quam duo co[m-]*
mata perficiunt[22]. *Ac vide, quomodo* in quartos sonos utriusque *commatis positio*
vergat et particula, a quo sono initium levat, in eundem *in fine deponatur.*
Cola autem dicimus maiores particulas, duo seu tria vel plura commata
continentes, quae et oportunas quasdam sui distinctiones prebent. *Porro*
commata sibi in levationibus ac positionibus coherentia colon *peragunt.*
Tamen est interdum, ubi indifferenter colon sive comma dici potest.
Δ: Quid inter se maiores minoresve toni differunt, eodem quidem sono finiti
eodem gubernati? ℋ: Quae super his dicenda sunt, commodius conferemus,
si prius *proprias sonorum notulas* describamus: Decem et octo namque sonis notas ponimus,
id est tetracordis quattuor et dimidio tetracordo.
Primum quod est humilius, grave tetracordum nuncupantes. Secundum
finale. Tertium superius. Quartum excellens. *Sane illas voculas*

---

20 = *archoo.*
21 = *finalis*
22 An dieser Stelle fehlt sowohl im *Düsseldorfer Fragment* als auch in *Var.1* die *descriptio*:
    ɴᴏ ⌐ ᴀɴ ⟋⌐ ɴᴏ ⟋ ⟋⌐ e ⟋⌐ a ⟋ ⟋⌐ ɴᴇ ⟋⌐ . Ed. Schmid, S. 82, Krit. App.

fol. 3v

Tönen die wunderbare Kraft des Unterschiedes und ihr jeweiliges Aussehen, durch
welche Verschiedenheit die einzelnen voneinander abweichen und gemäß sich selbst die
tonartlichen Verschiedenheiten ausmachen. S: Es scheint mir, als sähe ich das ein. Ich
wundere mich aber, daß man zwar acht *modi* zu zählen pflegt, du aber sagst, daß aus
diesen vier Tönen nicht mehr als vier *modi* entstehen. L: Tatsächlich zählen wir gewöhnlich acht *modi*, doch so, daß je zwei *modi*, nämlich ein höherer (*maior*) und ein tieferer
(*minor*), von den einzelnen Tetrachordtönen bestimmt werden; und deshalb werden
diejenigen einem *modus* zugeordnet, die vom selben Ton beherrscht werden. Nämlich
vom Ton *archoos* ⌐ oder *protus* der authentische *protus* und der plagale, vom Ton
deuterus ⌐ der authentische und der plagale *deuterus*, vom Ton *tritus* ∕ der authentische *tritus* und der plagale, und vom Ton *tetrardus* ∕ der authentische und der
plagale *tetrardus*. Selbstverständlich nennen wir authentisch den Hauptton (*auctoralis*)
und plagal den untergeordneten oder Nebenton (*subiugalis seu lateralis*). So sind also
die einzelnen sowohl an der Qualität ihrer Eigenart zu erkennen, als sie auch alle ihren
Tetrachorden und Pentachorden voranstehen und, wie gesagt, ihre *toni* oder *modi* kenn-
zeichnen. S: So bestimmt also die Wirkkraft (*virtus*) allein des Finaltons den *modus*, so
daß also vom *tropus* oder *modus* dieses oder jenes Tones die Rede sein muß, weil in ihm
der Schluß der Melodie statthat? L: Tatsächlich scheint die Kraft (*vis*) eines jeden vor
allem deshalb im jeweiligen Finalton zu bestehen, weil der *tropus* sich durch sein dortiges
Schließen konstituiert. Es sei jedoch hinzugefügt, daß der Finalton und seine Gleichartigen
(*sociales*) sich häufiger am Ende der *commata* oder *cola* aufhalten. Seine Gleichartigen
hat aber jeder Ton nicht nur in seinen Quinten; vielmehr sucht er sich auch in seinen Quarten, die die Orte der dritten Konsonanz sind, weitere Gleichartige (*compares*). Deshalb
streben in den kleinen Teilen (*particulae*), die die Glieder des Gesangs sind, fast immer
die *cola* oder *commata* an- oder absteigend die Gleichartigkeiten (*socialitates*) der Töne
an, und in diese sucht der An- oder Abstieg zu gelangen. Beispiele bieten die gesetzmäßig
gebauten Melodien genug; damit wir nicht länger welche suchen, betrachte hier in unseren
Händen jene regelmäßige Melodie oder Zeile, welche von zwei *commata* ausgefüllt wird:

[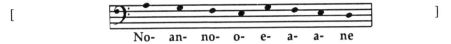]

Und sieh, wie sich der Abstieg beider *commata* jeweils in die Unterquart neigt und der
ganze Melodieteil in einem gleichartigen Ton wie dem, von dem er seinen Anfang nimmt,
auch sein Ende findet. Als *cola* bezeichnen wir aber die größeren Teile mit zwei oder drei
oder mehreren *commata* in sich, die auch gewisse günstige Unterteilungen bieten.
Weiterhin bilden *commata*, die in den An- oder Abstiegen zusammenhängen, zusammen
ein *colon*. Freilich kommt es vor, daß etwas gleichermaßen (*indifferenter*) als *colon* oder
comma bezeichnet werden kann. S: Wie unterscheiden sich den die authentischen und
plagalen Tonarten, da sie doch von demselben Ton beendet, von demselben bestimmt
werden? L: Was hierüber zu sagen ist, werden wir bequemer anführen können, wenn wir
zuvor die jeweils eigenen Notenzeichen der Töne beschreiben: Für achzehn Töne nämlich
setzen wir Notenzeichen, d.h. für vier Tetrachorde und ein halbes. Dabei nennen wir das
erste, das ganz niedrig ist, das *grave*-Tetrachord, das zweite *finale*, das dritte *superius*,
das vierte *excellens*. Natürlich bezeichnen wir jene Töne, die wir die

fol. 4r

quas finales vocamus, eis notulis designamus, quas supra descripsimus ita ·

ᐱ   ᑭ   ∕   ᑎ   *Graves autem eisdem fere sed retro spectantibus figuris ita* ·

ᒋ   ᓄ   ᑎ   ᑫ   *Superiores giratis in iusum finalibus ita* ·

ᒍ   ᒐ   ᒉ   ᑎ   *Excellentes giratis in iusum gravibus ita* ·

ᒣ   ᒐ   ᙭   ᒉ   *Tritus sonus excipitur, qui in gravibus*[23] · N · *inclinum* · ᑎ ·

In superioribus · N · *versum et inclinum* · ᒉ · *In excellentibus iota transfixum* · X · *Residuas binas voces iacentibus notis exprimimus*[24]

qui in ordine sic disponantur[25]. *Et hactenus de discrepantiarum generibus de[-]*

vitandis superius dicta terminata sint, Nunc *deinde, quae pro exornatione melodiae donante deo dicenda sunt, prosequemur. Ac inprimis videndum, ut numerose quodlibet melum promatur.* Δ: *Quid est numerose canere?* ☩: *Ut attendatur, ubi producti[-] oribus ubi brevioribus morulis utendum sit, quatinus uti, quae sillabae breves quaeque sint longae, attenditur ita qui soni producti quique correpti esse debeant, attendatur, ut ea, quae diu, ad ea, quae non diu, legitime concurrant, et veluti me[-] tricis pedibus cantilena plaudatur. Age canamus exercicii usu, plaudam pedes ego in praecinendo, tu sequendo imitabere:*

ᒣᒣ ᒣ ᒐ ᒣ   ᒐ ᒣ ᒐ ᒐ ᒉᒐᒐ   ᒐᒣᒐᒐ ᒐ ᒐᒐᒐ ᒣᒣ

Ego sum via   *Veritas et vi ta*   *Al le lu ia alleluia*

Solae in tribus membris ultimae longae, reliquae breves sunt.

Sic itaque numerose est canere, longis brevibusque sonis ratas morulas metiri,

N *ec per loca protrahere vel contrahere magis quam oportet, sed infra scandendi legem vocem continere, ut possit melum ea finiri mora, qua coepit. Verum si aliquo[-] tiens causa variationis mutare moram velis, id est circa inicium aut finem protensi[-] orem vel incitatiorem cursum facere, duplo id feceris, id est ut productam moram in duplo correptiore, seu correptam immutes duplo longiore.* Δ: *Puto temptare horum, quaeque expedit, et in usum vertere.* ☩: *Recte putas; ob hoc sumamus quodvis melum canere, nunc correptius, nunc productius, ita ut morulae, quae nunc sunt pro[-] ductae correptis suis,* Nunc *item fiant pro correptis ad eas, quae fuerint productiores se; canamus modo; prima sit mora correptior, subiungatur producta, tunc correpta iterum:*

ᒣᒣᒣ ᒐᒣ   ᒐᒐ ᒐ ᒐ ᒉᒐᒐ   ᒐᒣᒉᒐᒐ ᒐᒐ ᒐᒐ

Ego sum vi a   *Veritas et vi ta*   *Al le lu ia alle luia*

Haec igitur numerositatis ratio doctam semper cantionem decet, et hac max[-][26]

Ego sum

Ego sum vi a

---

23   Fehlt: *habet* (auch in *Var. I*). Ed. Schmid, S. 84, Krit. App.

24   Es fehlen die zwei Zeichen: ᒇ ᒉ (auch in *Var. I*). Ed. Schmid, S. 84, Krit. App.

25   *sic disponantur* auch in *Var. 1*, sonst: *disponantur ita* (Ed. Schmid, ebenda). Im Anschluß daran fehlt die zusammenfassende Zeichenkette und die mehrfach erwähnte Textauslassung. Siehe folgenden Seite.

26   Diese Zeile müßte nach dem dreifachen *Ego sum via* ... stehen. Ed. Schmid, S. 88.

fol. 4r

finales nennen, mit jenen Notenzeichen, die wir oben beschrieben haben, nämlich: Die *graves* bezeichnen wir mit fast den gleichen, aber nach rückwärts schauenden Figuren, so: Die *superiores* mit nach unten gekehrten *finales*, so: Die *excellentes* mit nach unten gekehrten *graves*, so: Der *tritus* bildet eine Ausnahme, da er in den *graves* ein geneigtes N hat: in den *superiores* ein umgedrehtes und geneigtes N: , in den *excellentes* ein durchbohrtes Iota, so: . Die restlichen beiden Töne drücken wir durch liegende Noten aus, und alle zusammen werden folgendermaßen angeordnet:[27] Und damit sei, was oben über die Vermeidung der verschiedenen Arten von Abweichungen (*discrepantiae*) gesagt wurde, beendet; laß uns hiernach mit Gottes Hilfe verfolgen, was über den Schmuck des Gesangs zu sagen ist. Und zuerst ist zu sehen, daß jeder Gesang zahlengemäß (*numerose*) vorgetragen werde. S: Was ist zahlengemäß singen? L: Daß darauf geachtet wird, wo gelängte und wo kürzere Zeitmaße gebraucht werden; denn, wie darauf geachtet wird, welche Silben kurz und welche lang sind, so soll auch darauf geachtet werden, welche Töne zu längen und welche zu verkürzen sind, so daß das, was lang ist, zu dem, was nicht lang ist, sich gesetzmäßig verhält und der Gesang gleichsam mit metrischen Füßen skandiert wird. Laß uns nun übungshalber singen; ich will vorsingend die Füße skandieren, ahme du sie darauffolgend nach:

In den drei Gliedern sind allein die letzten lang, die übrigen sind kurz.
So heißt also zahlengemäß singen mit langen und kurzen Tönen vorbedachte Zeiteinheiten abzumessen und nicht stellenweise mehr als nötig zu längen oder kürzen, sondern die Stimme in der Skansionsgesetzlichkeit zu halten, damit der Gesang in dem Zeitmaß enden kann, in dem er begann. Wenn du aber manchmal zur Abwechslung das Zeitmaß wechseln willst, d.h., gegen Anfang oder Schluß einen langsameren oder schnelleren Verlauf gestalten willst, dann tu dies durch Verdopplung (oder: in zweierlei Weise), d.h., indem du das gedehnte Zeitmaß doppelt so schnell und das schnelle doppelt so langsam nimmst.
S: Ich glaube, man soll hiervon alles versuchen, was nützen kann, und es zum Brauch machen. L: Du hast recht; deshalb wollen wir einen beliebigen Gesang nun geraffter, nun gedehnter singen, so daß die Zeitmaße, die erst gedehnt sind gegenüber den gefrafteren, dann als gerafftere fungieren im Verhältnis zu denen, die noch gedehnter waren als sie selbst. Nun wollen wir singen; das erste Zeitmaß soll gerafter sein, ihm folge eine gedehntes, dann wiederum eine gerafftes:

[Dreifaches Notenbeispiel *Ego sum via* ... s. S. 61]

---

27 Die fehlende Zeichenkette und die ab hier einsetzende Textauslassung ist auf Seite 59 wiedergegeben.

Die Auslassung auf fol. 4r

Δ: Unde possum dinoscere, qui sint finales, qui superiores, vel illius aut illius ordinis?

ℋ: Omne musicum ad aliquid esse constat. Nam nec sonus musicus esse potest sine adiunctione alterius soni, ad quem naturali spacio musicum sonat. Sicut ergo ad aliquid per se non intelligitur, ita cum aliquot soni absolute numerantur, nec superiores iure possunt nec finales dici seu alius cuiusque ordinis. Sed cum necesse sit, ut, quicquid rite canitur altius graviusve, in uno ipsorum quattuor finiatur, in quolibet eorum finiendum est, ipse cum ceteris sui tetracordi sonitibus finalis obtinet nomen, et hinc alia tetracorda sumunt ordinem. Ab eodem etiam sono, ut sit maior tonus aut minor mensuram accipit. Cum enim inferiorem quemque tonum quinto loco valeamus altiorem ponere et superiorem quinto loco graviorem, ut supra monstratum est, profecto non secundum id superior dicitur aut inferior, quod altius aut inferius alter canatur ab altero, sed secundum id, quo sese utrique toni ad sonum finalem habent. Habent autem hoc modo: A finali sono aequalis potestas est minori tono in superiora atque inferiora, id est in utroque latere pertingendi usque ad sonos quintos. Non quod semper id eveniat, sed quod haec spacii eius sit potestas. Iam vero si ad superiorem partem quintum sonum sistemate transierit, maiori tono deputari solet. Maior autem sistematis duplum habet spacium in superioribus, id est vel usque in nonum sonum.

Δ: Sistema quid est?

ℋ: In colis vel commatibus diastemata dicimus, sistemata in particulis perfectioribus seu toto periodo. Nam diastema est spatium quodlibet sonorum, quo particula complectitur, id est quo acuta et gravior vox includitur, sistema totius spatium meli. Item sistemata sunt species tetracordorum, pentacordorum, ogdocordorum, quae modis singulis suas dant species.

Δ: Quare unum tetracordum sub finalibus sonis constituitur, supra finales duo?

ℋ: Quia sive altiore sive submissiore voce canatur quodlibet simplex ac legitimum melos, non nisi ad quintum sonum a finali sono deponitur, nec nisi in nonum usque ascendit.

Die Auslassung auf fol. 4r

cis''
h'
a'
g'
fis'
e'
d'
c'
h
a
g
f
e
d
c
B
A
G

S: Wie kann ich denn erkennen, welche die *finales* sind, welche die *superiores*, welche die von dieser oder jener Ordnung? L: Bekanntlich steht alles Musikalische (*musicum*) zu etwas in einem Verhältnis. Denn es kann kein Ton musikalisch sein ohne die Beifügung eines anderen Tones, zu welchem durch den natürlichen Abstand das Musikalische erklingt. Wie also das Relative (*ad aliquid*) nicht absolut (*per se*) gedacht wird, ebenso können irgendwelche Töne, die für sich gezählt werden, rechtens weder als *superiores* noch als *finales* noch als sonst einer Ordnung angehörend bezeichnet werden. Da aber, was ordentlich (*rite*) höher oder tiefer gesungen wird, in einem dieser vier [Töne] endet (in einem von ihnen muß er enden), erhält dieser zusammen mit den anderen Tönen seines Tetrachords den Namen des *tetrachordum finalium*, und von diesem aus beziehen die anderen Tetrachorde ihre Plazierung. Von demselben Ton aus bemißt sich auch, ob es sich um einen authentischen oder plagalen Ton handelt. Da wir nämlich jeden tieferen Ton in die Oberquint und jeden höheren in die Unterquint versetzen können, wie es oben gezeigt wurde, heißen sie tatsächlich nicht deshalb authentisch oder plagal, weil sie jeweils höher oder tiefer gesungen werden als der andere, sondern danach, wie sich beide Töne zur Finalis verhalten. Sie verhalten sich aber folgendermaßen: Von der Finalis aus kann der plagale gleichweit an- und absteigen, nämlich beiderseits bis zu einer Quint. Nicht daß dies immer geschehen muß; doch steht ihm dieser Raum zur Verfügung. Wenn er aber oben die Quint mit seinem Ambitus (*sistema*) überschreitet, pflegt er dem authentischen Ton zugerechnet zu werden. Der authentische Ton aber hat nach oben den doppelten Raum für seinen Ambitus zur Verfügung, d.h. also bis zur None.

S: Was heißt *sistema*?

L: Bei den *cola* oder *commata* sprechen wir von *diastemata*, von *sistemata* bei den vollständigeren Gliedern oder dem gesamten *periodus*. Denn das *diastema* ist jeglicher Tonraum, durch den ein Gesangsglied umfaßt wird, d.h., durch den dessen höchster und tiefster Ton umschlossen ist, das *sistema* dagegen der Tonraum des gesamten Gesanges. Ebenso sind die *sistemata* die Arten der Tetrachorde, Pentachorde und Octochorde, die den einzelnen *modi* ihre Arten geben.

S: Warum wird nur ein Tetrachord unter den *finales* gebildet, doch zwei über ihnen?

L: Weil, gleich ob mit höherer oder tieferer Stimme gesungen wird, jeder einfache und gesetzmäßige Gesang nur bis zur Quint unter seiner Finalis ab- und nur bis zur None über ihr ansteigt.

fol. 4v

ima sua dignitate ornatur, sive tractim seu cursim canatur, sive ab uno seu a plu[-]
ribus. Fit quoque, ut dum numerose canendo alius alio nec plus nec minus protrahit
aut contrahit, quasi ex uno ore vox multitudinis audiatur. Item in alternando
seu respondendo per eandem numerositatem non minus morae concordia servanda est
*quam sonorum. Δ: Quomodo per moras oportet cantiones concorde*N*?*
Ж: *Concordabilis cantionum copulatio qualiter per propriam quorumque sonorum sedem*
eveniat, supra monstratum est. Morarum vero concordia fit, si id quod subiungen[-]
dum est, aut aequali mora respondeat, sive pro competenti causa duplo mora lon[-]
giore aut duplo breviore. Δ: Constat omnia quae praedicta sunt, peritae cantioni
accidere; prosequere, si qua adhuc bonae modulationi necessaria sint. Ж: *Obser[-]*
vandam quoque dico distinctionum rationem, id est ut scias, quid coherere conveniat, quid dis[-]
iungi. Videndum etiam, quae mora illi aut illi melo conveniat. ꞁ*amque hoc quidem*
melum celerius cantari convenit, illud vero morosius pronuntiatum fit suavius.
Quod mox dinosci valet ex ipsa factura meli, utrum sit levibus gravibusve neumis
composita. Ergo moram, quae cuique melo conveniat, aptam exhibebis dumtaxat secundum
temporis ac loci et causae cuiuslibet extrinsecus occurrentis rationem, ipsam etiam *altitu[-]*
dinem ad congruentiam morae cum apertis et suavibus neumis, atque huiusmodi observati[-]
onibus honestam beneque moratam musicam moderabis. Preterea congrua symphoni[-]
arum commixtio maximam suavitatem cantilenis adiciet. FINIT PARS PRIMA.

[Schluß von S. 57, geht über in fol. 4v]

Dieses Verhältnis der Zahlengemäßheit ziert immer einen gelehrten Gesang, und so wird

fol. 4v

er mit seiner größten Würde geschmückt, ob er nun langsam oder geläufig gesungen wird, ob von einem oder mehreren. Ebenso kann, wenn beim zahlengemäßen Singen der eine weder mehr noch weniger verlängert oder verkürzt als der andere, die Stimme der Menge gleich wie aus einem einzigen Mund gehört werden. Desgleichen ist beim Wechseln oder Antworten mit derselben Zahlengemäßheit die Harmonie des Zeitmaßes nicht weniger zu wahren als die der Töne. S: Wie sollen die Gesänge in ihren Zeitmaßen harmonieren? L: Wie eine harmonische Verbindung von Gesängen durch den eigentlichen Sitz beliebiger Töne geschieht, ist oben gezeigt worden. Eine Harmonie der Zeitmaße entsteht, wenn das, was anschließt, durch gleiches Zeitmaß entspricht oder aber aus stichhaltigem Grund durch eine doppelt so langsames oder doppelt so schnelles. S: Offensichtlich trifft alles Gesagte auf einen kunstmäßigen Gesang zu. Fahre doch fort, wenn noch etwas für einen guten Vortrag nötig ist. L: Zu beachten ist m.E. auch das Verhältnis der Zäsuren (*distinctiones*), d.h., daß du weißt, was zusammenhängend sein soll, was getrennt. Zu beachten ist auch, welches Zeitmaß zu diesem und welches zu jenem Gesang paßt. Denn diesem Gesang ist ein schnellerer Vortrag angemessen, jener wird durch langsameren Vortrag süßer. Dies erkennt man sofort an der Beschaffenheit des Gesangs, ob er nämlich aus leichten oder ernsten Melodiegliedern (*neumae*) zusammengesetzt ist. Also wirst du das für einen Gesang geeignete Zeitmaß feststellen, freilich unter Berücksichtigung der Zeit, des Ortes und sonstiger äußerer Umstände, sowie seine Lautstärke im Verhältnis des Zeitmaßes zu den deutlichen und süßen Melodiegliedern (*neumae*). Und durch derartige Rücksichtnahmen wirst du eine anständige und wohl geartete Musik bieten. Außerdem wird die passende Beimischung von Konsonanzen den Gesängen größte Süßigkeit verleihen. SCHLUSS DES ERSTEN TEILS.

Analyse und Interpretation des *Düsseldorfer Fragments*

Die Publikation des *Düsseldorfer Fragments,* der Handschrift *K3:H3* der Universitäts- und Landesbibliothek Düsseldorf, mag einen ersten Eindruck vermittellt haben, daß es sich hier nicht um eine Gelegenheitsarbeit einer klösterlichen Schreibstube handelt. Doch was ist das Besondere dieser Handschrift, was macht ihre Beziehung und auch ihren Unterschied zu vielen anderen Handschriften der *Musica enchiriadis,* auch zur *Bamberger* Handschrift, Codex HJ. IV. 20. (Var. 1) aus? Könnte es nicht doch sein, daß Werden nur als Schreibort fungierte, beauftragt von unbekannter Seite und bedacht darauf, diese Aufgabe so gut wie möglich zu erfüllen? In einer umfassenden Interpretation soll gezeigt werden, daß sich das *Düsseldorfer Fragment* nicht nur in Nähe des Autors befunden haben mußte, bzw. der Autor eventuell sogar selbst daran mitgeschrieben hat, sondern daß die Niederschrift auch im Blick auf eine praktische Auseinandersetzung, auf eine in Werden offenbar konkret vorhandene unterrichtliche Situation hin und somit aus einem aktuellen pädagogischen Bedürfnis heraus zustande kam.

1. Sachkenntnis, Kreativität, Experimentierfreudigkeit

Das *Düsseldorfer Fragment, K3:H3,* die frühste erhaltene Quelle des *Scolica enchiriadis*-Traktats, trägt deutliche Züge einer Autorschaft. Hier wurde nicht einfach nur abgeschrieben, denn die Handschrift läßt eine hohe Sachkompetenz des oder der Schreiber erkennen. Die (früher sicherlich vollständige) Handschrift kann, wie eingangs erläutert, nicht die Urschrift sein, doch sprechen viele Gründe dafür, daß es sich um eine Abschrift des Archetypus handelt, bzw. der Autor - wenn er nicht selbst bei *K3:H3* mitgeschrieben hat - seinem oder seinen Schützlingen beim Abschreiben zumindest beratend und überwachend zur Seite stand. So ist eine äußerst sinnvolle Aufteilung zwischen Text und Musikbeispielen *(descriptiones)* zu beobachten, ganz im Gegensatz zu vielen anderen Handschriften der *Musica* und *Scolica enchiriadis*[1]. Textfehler sind selten, und auch bei der Setzung der Tonzeichen gibt es kaum Fehler, eher sogar Hinweise, daß man sich sorgfältig um die Zeichen bemühte - gelegentlich fast so, als ob diese sich noch ‚in statu nascendi' befunden hätten. In fol. 4r, Zeile 3 und 4, wurde beim dritten Tonzeichen der *graves* und *superiores* - beim ⁄ und ⁄ - offensichtlich verbessert, auch beim ⁄ des schwer lesbaren Gesangs *Ego sum via* ... , fol. 4r, Mitte.

---

1 H. Schmid, *Die Kölner Handschrift der Musica Enchiriadis,* a.a.O., S. 264.

Weiterhin erscheinen bei der Veranschaulichung der vier Tetrachorde in der ersten *descriptio* auf fol. 1r immer nur die vier Grundzeichen ( ), noch nicht die später daraus abgeleiteten (gewendeten oder umgestülpten) Formen (siehe S. 19), auch noch nicht die *residui*. Dabei stehen die vier Grundzeichen je eines Tetrachords abwechselnd entweder zwischen den Linien (erstes und drittes Tetrachord, von unten gezählt) oder auf den Linien (zweites und viertes Tetrachord) - was unter Umständen sogar bedeuten könnte, daß es sich hier um eine Notationsvorstufe des Dasiasystems handelt:

Diese Art von Darstellung der vier Tetrachorde wirkt in doppelter Hinsicht didaktisch: Die Notation der vier Grundzeichen innerhalb eines Tetrachords entweder zwischen oder auf den Linien veranschaulicht ohne Zeichenballast das Prinzip des Tetrachordraumes und das der Teilung des gesamten zur Verfügung stehenden Tonraumes (ausgenommen die vorläufig ausgesparten *residui*). Zusätzlich sind im Beispiel das erste und dritte Tetrachord stärker umrahmt. Alle vier Tetrachorde heben sich somit deutlich voneinander ab, obwohl alle die gleichen Grundzeichen haben.

Daß diese Notationsweise kein Zufall sein kann, beweist das Beispiel am Anfang von fol. 3r. Auch hier werden die Dasiagrundzeichen zweimal verwendet (beim angedeuteten dritten Tetrachord allerdings erscheint das erste Tonzeichen der *superiores*). Und auch hier stehen sie beim ersten Tetrachord immer zwischen den Linien, beim zweiten Tetrachord weitgehend auf den Linien.

Im Anschluß an die Melodieübung auf fol. 3r ist von Pentachorden und deren verschiedenen Transpositionsmöglichkeiten die Rede. Auch hier finden sich im *Düsseldorfer Fragment* nur die vier Grundzeichen, in Übereinstimmung mit zahlreichen weiteren Handschriften, aber auch im Unterschied zu etlichen späteren[2]. Die Tonzeichen scheinen auf den ersten Blick nicht auszureichen bei den insgesamt fünf Pentachorddarstellungen (aus denen übrigens wieder das Quintenprinzip des Tonsystems deutlich wird):

Pentachord des 1. Tons	Pentachord des 2. Tons	Pentachord des 3. Tons	Pentachord des 4. Tons	Pentachord des 5. (= 1.) Tons

Im *Düsseldorfer Fragment* ist nur das vierte Pentachord separat notiert (siehe fol. 3r unten, eingerückte Zeichensequenz). Die anderen Pentachorde scheinen in der (schwer lesbaren) Zeichenkette am linken Rand der zweiten Folio-Hälfte aufgehoben zu sein. Dabei sind die Zeichen und der Text so gut plaziert, daß der Zusammenhang fast immer deutlich wird. Nach „da tetracordum vel certe pentacordum primum" müßte sich eigentlich die Dasiazeichenreihe des ersten Pentachords anschließen. Doch es entsteht eine Textlücke. Und unter dem „vel certe" beginnt die Zeichensequenz (abwärts zu lesen) mit ⟨Zeichen⟩, dem Zeichen für den ersten Ton, das heißt: Der Blick des Schülers/Lesers wird auf die Dasiazeichen gelenkt. Die ersten fünf Töne der Zeichensequenz bedeuten das erste Pentachord. Noch klarer ist die Text/Zeichen-Abstimmung beim zweiten und dritten Pentachord. Nach „Δ: Et hoc ita canitur" befindet sich in der folgenden Zeile am Anfang passend (als viertoberstes Zeichen der Zeichensequenz) das Anfangszeichen ⟨Zeichen⟩ für das zweite Pentachord, und ähnlich passend nach „Δ: Et hoc huiusmodi est" steht am Anfang der nächsten Zeile das Anfangszeichen ⟨Zeichen⟩ für das dritte Pentachord. Die Zeichenkette liefert also punktgenau den jeweils zur Erklärung benötigten Tonkettenausschnitt. Eine ökonomische Text/Zeichen-Einteilung!

---

2 Ed. Schmid, S. 80, Krit. App.

2. Zeichenfehler

Neben den Verbesserungen beim ∕∕ und ∮ in fol. 4r gibt es im *Düsseldorfer Fragment* nur wenige Fehler bei der Tonzeichensetzung. Und hier sind besonders drei Stellen aufschlußreich. Ein Zeichenfehler findet sich auf fol. 1r, doch er wurde korrigiert. Es ist das oberste Tonzeichen der unteren rechten *descriptio*. Im obersten Kästchen steht ein fehlerhaftes Zeichen (ʊ⁄, korrigiert in ϟ⁄), links daneben das richtige (∕ᐟ). Es handelt sich hier um keinen echten Zeichenfehler, denn eigentlich wäre ϟ⁄ , als 1. Ton des Tetrachords der *superiores,* korrekt. Da allerdings auf fol. 1r die späteren Ableitungsformen der Zeichen noch nicht eingeführt sind, entweder, weil man noch auf der Suche nach den endgültigen Zeichenformen war, oder aus didaktischen Gründen (s.o.), ersetzte der Schreiber das Zeichen durch das Grundzeichen. Derselbe ‚Fehler' an dieser Stelle findet sich nach H. Schmid in vielen Handschriften[3]. Doch nur dem Werdener Schreiber scheint er aufgefallen zu sein. Zwei vergleichbare Fehler sind auf fol. 1v und fol. 2r zu bemerken. Jeweils in der 20. Zeile, bei „a ∕ᴕ tetrardo" bzw. „Sit pent. [=pentacordum] ∕ᴕ tetrardi" wurde das Grundzeichen für den vierten Tetrachordton gewählt: ∕ᴕ [4]. Eigentlich hätte in beiden Fällen das Zeichen für den vierten Ton der *graves,* ∮ , genommen werden müssen, denn in den *descriptiones* ab fol. 1v hatte sich der Verfasser stillschweigend für die definitive Notation entschieden: für die aus den Grundzeichen abgeleiteten Zeichen der anderen Tetrachorde. Die beschriebenen Fehler verweisen entweder auf das Schwanken des Verfassers zwischen einer didaktischen und einer konsequenten (d.h. die endgültigen Zeichen frühzeitig anwendenden) Notation, oder sie sind Ausdruck eines noch-experimentellen Stadiums der Dasiazeichen zur Zeit der Niederschrift des *Düsseldorfer Fragments*.

Auf fol. 4r fehlen die zwei Tonzeichen der *residui*, sowie die alle 18 Zeichen nochmals zusammenfassende *descriptio* (siehe die Ergänzungen in der Textübertragung). Es könnte sich um Flüchtigkeiten handeln, denn genau hier ist die (später eingehender zu besprechende) Auslassungsstelle. Auf fol. 3v fehlt eine *descriptio* (siehe die Ergänzung). Warum, läßt sich nicht feststellen, denn dieses Blatt ist aufgrund des schlechten Zustands nur sehr schwer zu entziffern.

---

3   Ebenda, S. 64, Krit. App.
4   Ebenda, S. 66 und 69, Krit. App. Der Zeichenfehler von fol. 1v scheint nur im *Düsseldorfer Fragment* vorzukommen; der Fehler in fol. 2r tritt nur noch zweimal auf: in der *Bamberger* Handschrift, *Var. 1*, und in der Ende des 11. Jhs. entstandenen Hs. *München*, BStB. Clm. 18914 (RISM BIII 3, S. 135; Ed. Schmid = **T**).

3. Praxis - Deutlichkeit - Farben

Besonders bei der beschriebenen Notationsweise der *descriptiones* in fol. 1r und 3r wurde deutlich, daß die Handschrift einen starken Praxisbezug aufweist, für Unterrichtszwecke verwendet wurde und entsprechend didaktisch konzipiert ist. Dieser Eindruck läßt sich durch viele Detailbeobachtungen erhärten.

Bei der Aufzeichnung des einstimmige Gesangs „Ego sum via Veritas et vita Alleluia alleluia", fol. 4r, Mitte, wurde nicht einfach nur durchgeschrieben, sondern auf prägnante Gliederung geachtet. Der Gesang - eine Antiphon - zerfällt musikalisch sinnvoll in drei Glieder, wobei jedes Glied räumlich getrennt ist und mit einem Großbuchstaben beginnt. Weiterhin ist zu beobachten, daß die Aufzeichnung des „Ego sum via ..." in unterschiedlichen Farben erfolgte. Der liturgische Text hat die Farbe rot, die Grundierung der Dasiazeichen ist gelb, die Dasiazeichen selbst und die darüberliegenden, aus der griechischen Grammatiklehre stammenden Zeichen für rhythmische Kürzen und Längen ($\cup$ ‾) sind in der dunklen Farbe der normalen Textschrift gehalten. Eine vergleichbare Übersicht und Sorgfalt sucht man in den meisten Handschriften bei diesem Beispiel vergebens. Zum Vergleich sei die routinemäßige Abschrift des „Ego sum via ..." in der aus dem späten 11. Jahrhundert stammenden Handschrift *München,* BStB. Clm. 18914 genannt, als Faksimile von Ewald Jammers mitgeteilt[5].

---

5   Ed. Schmid = **T.** E. Jammers, *Tafeln zur Neumenschrift,* Tutzing 1965, S. 63. Zu den vielzitierten Rhythmuszeichen $\cup$ und ‾, die außer in *K3:H3* nur noch in der Hs. **T** vorkommen, siehe: E. Jammers, *Gregorianische Studien,* Mf V, 1952, S. 30ff.; ders., *Dürfen die Melodietöne des gregorianischen Chorals gezählt werden,* Mf. VII, 1954, S. 68f.; = Replik auf P. L. Kunz, gleicher Titel wie zuvor, Mf V, 1952, S. 352ff.; N. Phillips, *Musica and Scolica enchiriadis,* a.a.O., S. 340ff.; R. Erickson, *Musica enchiriadis and Scolica enchiriadis,* New Haven 1995, xxxv und S. 51. Anders als Phillips (S. 340) und mit E. Jammers (1952, S. 31) glaubt der Verf., im *Düsseldorfer Fragment* am Ende des *Ego sum via* zwei aufeinanderfolgende Longa-Zeichen ‾ ‾ zu erkennen, in der Mitte eine durchgezogene Longa —— (siehe fol. 4r und die Übertragung). Der Schreiber der Münchner Hs. (**T**) war offensichtlich wenig erfahren, doch dürfte er nach Auffassung von N. Phillips (S. 63) eine Vorlage verwendet haben, die mit dem Archetypus in engem Zusammenhang stand (siehe auch S. 66, Anm. 4).

Einige Zeilen darüber - auf fol. 4r - werden zum erstenmal in der *Scolica enchiriadis* alle Formen der Dasiazeichen erläutert (sie waren zuvor zwar aufgetreten, aber noch nicht erklärt worden[6]). Auch hier sind die Zeichen mit unterschiedlichen Farben unterlegt bzw. markiert. Die Zeichen der *superiores* und *finales* stehen auf gelbem Grund, die der *excellentes* und *graves* sind mit fettem grün markierend (oder ausstreichend?) übermalt. Hier wurde offensichtlich auf die Abwärtsdrehung der Zeichen - das Zeichen des *tritos* ausgenommen - und auf die jeweiligen Bezugs-Tetrachorde hingewiesen, gemäß der Textstelle auf fol. 4r, Zeile 3 und 4:

> „Superiores giratis in iusum finalibus ... Excellentes giratis in iusum gravibus [designamus]".
> (Übersetzung: „Wir bezeichnen die *superiores* mit den abwärts gewendeten Zeichen der *finales* ... die *excellentes* mit den abwärts gewendeten der *graves*").

Die Farben rot, grün, gelb und schwarz (= Textfarbe) entsprechen auffällig den vier Farben, die in Analogiebildung zu den vier Tetrachordtönen an früherer Stelle herangezogen wurden:

> „Nam sicut in coloribus, si sint quaterni et quaterni locati ex ordine in lineamque dispositi, verbi gratia rubeus, viridis, gilbus, niger, necesse est, ut quisque color tribus aliis interpositis per quintana loca reperiatur, ita et in sonis evenit, ut, dum sese nova semper iteratione consecuntur, cuique in utramque partem quintis locis a suo compare respondeatur"[7].
> (Übersetzung: „Denn wie bei Farben, wenn sie zu je vieren der Reihe nach aufeinanderfolgend linear angeordnet sind, nämlich rot, grün, gelb, schwarz, jede von ihnen notwendigerweise, nach den drei anderen dazwischen, an jeweils fünfter Stelle wiederkehrt, so findet auch bei den Tönen, die in stets erneuter Wiederholung aufeinanderfolgen, jeder an fünfter Stelle zu beiden Seiten hin sein Pendant")

---

6   In dem eher systematisch, weniger didaktisch aufgebauten *Musica enchiriadis*-Traktat dagegen erfolgt die Einführung der Zeichen frühzeitig und logisch. Ob man hieraus ableiten kann, daß der *Musica enchiriadis*-Teil - als konsequente Ausarbeitung des *Scolica*-Teils - nach diesem entstanden sei, wie gelegentlich vermutet (siehe R. Erickson, *Musica enchiriadis* ..., a.a.O., xxi), würde zwar die ‚in statu nascendi'-Idee stützen (siehe S. 63), erscheint dennoch nicht zwingend. Denn auch umgekehrt läßt sich argumentieren: Die Inkonsequenz der Tonzeicheneinführung könnte didaktisch begründet und Beweis dafür sein, daß die *Scolica enchiriadis* in Abhängigkeit zur *Musica enchiriadis* zu sehen ist, die Kenntnis dieser voraussetzt und also nicht vor ihr entstanden sein kann.

7   Die Stelle ist im *Düsseldorfer Fragment* leider nicht erhalten. Siehe die Textübertragung, Fortsetzung von fol. 2v, S. 46, Z. 8-12 (= Ed. Schmid, S. 72/73, Z. 154-179).

Die hier angesprochene Idee einer Zuordnung von vier Farben den regelmäßig wiederkehrenden vier Tetrachordtönen - einer Analogie von Farben- und Tonsequenz also - läßt sich am einfachsten auf vertikale Weise verdeutlichen:

	...	... ↑	...	...	↑
rot	⏧	⏧	(d')		
grün	/	⏧	(c')		
gelb	⏧	⏧	(h)		
schwarz	⏧	⏧	(a)		
rot	⏧	⏧	(g)		
grün	/	/	(f)		
gelb	⏧	⏧	(e)		
schwarz	⏧	⏧	(d)		
rot	⏧	⏧	(c)		
grün	/	⏧	(B)		
gelb	⏧	⏧	(A)		
schwarz	⏧	⏧	(G)		

Durch die Farben wird die Vergleichbarkeit von Tönen im Quintabstand veranschaulicht, so wie dies auf andere Weise durch die Zeichen geschieht.

Das Zitat erinnert an zwei Stellen des *Musica enchiriadis*-Traktats, wo ebenfalls von vier Farben die Rede ist, den einzelnen Farben aber nicht Einzeltöne, sondern eine Tonfolge zugewiesen wird, viermal transponiert:

„Ergo ut, quod dicitur, et audiendo et videndo comprobetur, alia rursus descriptiuncula per neumam eandem fiat. Similiter enim cordis a parte in partem ductis quaterna inter cordas series continuatim describatur, ita ut unaquaeque series suo proprio sit insignita colore" [8].

(Übersetzung: „Damit das Gesagte akustisch und optisch klar wird, mache man nochmals eine andere Darstellung desselben Neumas. Wenn nämlich gleich wie eben Saiten [= Linien] von einer Seite zur anderen gezogen sind, notiere man die Reihe viermal fortlaufend zwischen die Linien, so, daß jede Reihe in einer eigenen Farbe geschrieben wird")

---

8   Ed. Schmid, S. 14, Z. 7-10.

Die zweite Stelle lautet:

> „Sternatur ut prius veluti disposita cordarum series et idem melos, quod nunc in diapente symphonia designatum est, quaternis vel quinis colorum descriptionibus exprimatur, videbisque eandem melodiae formam in transpositione sua manere non posse, sed per epogdoi vel semitonii distantiam modum unumquemque in alium transmutari ...“ [9].

(Übersetzung: „Es sei also wie früher gleichsam eine geordnete Linienreihe projiziert, und dieselbe Melodie, die jetzt in der Quintsymphonia notiert ist, werde nun in vier- oder fünffarbigen Aufzeichnungen ausgedrückt; und du wirst sehen, daß die Melodieform, wird sie transponiert, nicht dieselbe bleibt, sondern daß mit dem Ganz- oder Halbtonabstand der *modus* sich jeweils in einen anderen verwandelt ...“)

Im Unterschied zur Idee der Zuordnung eines ganzen Melodiezuges innerhalb eines bestimmten *modus* einer einzelnen Farbe im *Musica enchiriadis*-Traktat, pointiert das Zitat im *Scolica*-Traktat (s.o.) die Idee einer Korrespondenz zwischen Einzelton und Farbton, auch wenn im Grunde jeder einzelne der vier Tetrachordtöne als jeweiliger Hauptton einen einzelnen *modus* repräsentiert.

Von einer weiteren Idee, die allerdings eng mit dem *Scolica*-Zitat zusammenhängt, könnten die farbigen Markierungen der *descriptiones* auf fol. 1v - 2r des *Düsseldorfer Fragments* geleitet sein, wo sich bezeichnenderweise wieder die genannten vier Farben finden. Die Farbe gelb ist unabhängig; sie fungiert nur als Unterlegung der Dasiazeichen. Die Farben grün und rot dagegen dienten offensichtlich zur Verdeutlichung der Intervallabstände; in Uminterpretation des *Scolica*-Zitats sind es also nicht Töne, die eine farbliche Zuordnung erfahren, sondern Tonabstände.

Allerdings sind die farbigen Markierungen in diesen *descriptiones* unvollständig und widersprüchlich. Vielleicht geben sie sogar eine Unterrichtssituation wieder, in der über verschiedene Alternativen der aufgezeichneten Tonfolgen bzw. Tonabstände nachgedacht wurde. In dem bunten *descriptio*-Paar auf fol. 1r scheint es die Aufgabe der grünen Farbe zu sein, den Intervallraum über dem Halbton (Zeichen /) zu verdeutlichen; die zwei durchgehenden grünen Balken im rechten Beispiel lassen dabei an zwei sich überlagernde Versionen denken[10].

---

9   Ed. Schmid, S. 36, Z. 21-25.
10   Ebenda, S. 67, 7a/b (Achtung: Versehen bei Schmid; / links in 7b muß eine Zeile tiefer stehen). In den roten Zwischenräumen des rechten Dreiecks von *K3:H3* sind noch Zeichenreste einer eventuellen Alternativversion erkennbar, rechts das Zeichen .

Im nächsten bunten Beispielpaar, fol. 2r[11], ist über dem Halbton ein roter Zwischenraum, im folgenden Beispiel wieder der (langgezogene) grüne[12].

Darüber hinaus haben die Farben rot oder grün die Aufgabe der Verdeutlichung von Ganztonabständen, die grüne Farbe weitgehend auch die der Markierung der oberen Tetrachordgrenze.

Die Farbmarkierungen nehmen immer mehr ab. Die *descriptiones* auf fol. 2v[13] weisen überhaupt keine Farbmarkierungen mehr auf, das heißt, die Farbverdeutlichungen wurden vorzeitig abgebrochen. Allerdings ist die Intention einer optischen Verdeutlichung zumindest der Halbtonabstände weiterhin vorhanden, sie wurde nur anders umgesetzt. Der unter dem dritten Ton (╱) liegende Halbtonschritt wird in einigen *descriptiones* auf fol. 2v durch eine verstärkte Linie dargestellt. Diese Art der Markierung entspricht genau einem Hinweis an früherer Stelle des *Scolica enchiriadis*-Textes zur Halbtonverdeutlichung, auf fol. 2r, Zeile 3:

„quod linea, non paginula, interiecta designat"
(Übersetzung: „dies wird durch eine Zwischenlinie, statt eines Zwischenraumes dargestellt")

Es scheint, als ob man beim Schreiben von fol. 2v - nach den Farbexperimenten zuvor - zu dieser einfachen Maßgabe zurückgefunden hat.

Die wechselnden Darstellungsformen zur Verdeutlichung von strukturellen Zusammenhängen im *Düsseldorfer Fragment* können als Ausdruck eines experimentellen Stadiums gewertet werden. In jedem Fall zeugen sie von vorhandener Kreativität und Sachkompetenz des oder der Schreiber. Und sie belegen, daß in Werden um 900 ein lebendiger Unterricht stattgefunden hat. Beim Schreiber der *Bamberger* Hs. *Var.1* beispielsweise, der ca. 100 Jahre später erfolgten direkten oder indirekten Abschrift von *K3:H3*, scheint eine vergleichbare Übersicht und Kompetenz weniger vorhanden gewesen zu sein. So fehlen bei den beschriebenen *descriptiones* entsprechende Farbkennzeichnungen, außer einem einzigen Versuch, wo sich rötliche und weiße (= farblose) Zwischenräume regelmäßig abwechseln, doch scheinbar ohne Bezug zu den Intervallabständen:

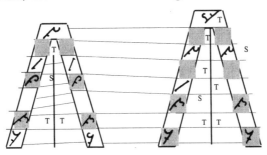

11   Ebenda, S. 67, 9a/b.
12   Ebenda, S. 69, 10a/b (wieder Fehler bei Schmid: Beide *l* in 10a müssen eine Zeile tiefer stehen).
13   Ebenda, S. 70-72, *descriptio* 11-13.

Die beiden *descriptiones* von *Var. 1*[14] entsprechen dem letzten *descriptio*-Paar auf fol. 2r des *Düsseldorfer Fragments*. Die Plazierung der Zeichen im linken Beispiel ist fehlerhaft, rechts fehlt das Zeichen ∫; die rötlichen (hier: schwarzen) Farbmarkierungen sind zwar ästhetisch ansprechend, doch mit dem konkreten Intervallaufbau haben sie nichts zu tun. Allerdings könnten die überzähligen (ebenfalls rötlichen) Linien im Innern des linken Dreiecks bedeuten, daß man sich, wie im *Düsseldorfer Fragment*, über Alternativtonfolgen Gedanken machte und sich dabei ähnlichen Problemen der Tonabstandsverdeutlichung gegenüber sah.

Ein letzter interessanter Farbenspekt schließlich stellt sich im *Düsseldorfer Fragment* bei der *descriptio* auf fol. 3r ein. Hier weisen die Linien Reste von Farbspuren auf. Die unterste Linie scheint schwarz gewesen zu sein, die drei darüberliegenden blaugrün. Reste von blaugrün finden sich auch im oberen Zeilenbereich der zweiten Hälfte. Rot sind die sechs oberen Linien in der ersten Hälfte des Beispiels, mit Resten (gelb?) auch im unteren Bereich. Wieder fühlt man sich an die Farbenanalogie erinnert, doch wieder in anderem Zusammenhang: im Sinne von Tetrachordraum und Farbe. Das Beispiel ist extrem verblaßt und farblich verwischt. Aber es läßt tatsächlich (von oben nach unten betrachtet) an die in der *Scolica enchiriadis*-Stelle zitierte Farbenabfolge *rot - grün - (gelb-) schwarz* denken (s. S. 68). Vorstellbar ist, daß hier den beiden Tetrachordräumen unterschiedliche Farben zugewiesen werden sollte, was sich konträr zum Vorigen verhält: denn gleichstrukturierte Tetrachorde sollten eigentlich, den *Musica enchiriadis*-Zitaten zufolge, gleiche Farben haben. Allerdings ist eine eindeutige Zuordnung - im Sinne von: oberes Tetrachord = rote Linien, unteres Tetrachord = dunkle Linien - nicht erkennbar.

Alle die genannten Aspekte im Zusammenhang mit Farben decken sich zwar nicht mit der im erwähnten Zitat („Nam sicut in coloribus ..." s.o.) verbundenen Vorstellung einer Analogie von Tonort und Farbort, doch sie können als Anknüpfung daran, als Weiterentwicklung einer Idee verstanden werden[15].

---

14   Umschrift nach dem Original, Hs. *Bamberg*, Codex HJ. IV. 20. (Var. 1), fol. 4v.

15   Die Hss.-Geschichte erweist sich gerade im Blick auf die Farb/Ton-Analogie als äußerst widersprüchlich - ein Ergebnis der Widersprüche selbst, in den frühesten Quellen? Siehe dazu N. Phillips, *Musica and Scolica enchiriadis*, a.a.O., S. 216f.

4. Buchstabe und Tonzeichen

Im *Düsseldorfer Fragment* findet sich eine *descriptio*, in welcher Buchstaben und Tonbedeutungen auf seltsame Weise korrelieren. Es ist die Melodieübung (ein *neuma*) am Anfang von fol. 3r. In dieser Übung gibt es eine spezifisch musikalische, fast notenmäßige Verwendung von zwei Buchstaben: N und o. Das N findet sich in einer antiquierten, aber für die damalige Zeit nicht untypischen Schreibweise bei der Silbenaufzeichnung der Melodieübung, als verkleinertes *Capitalis-rustica*-N: N. Doch beim „NO" des jeweils höchsten Tons der Achttongruppen hat die verkleinerte Majuskelform einen auffällig nach unten verlängerten Vorderschaft:

„ NO <u>- aN - NO -</u> - e - a - a - Ne   NO <u>- aN - NO -</u> - e - a - a - Ne ... "
(Siehe die Übertragung und Übersetzung zu fol. 3r)

Dazu ist das „ NO" immer etwas tiefer gesetzt, nicht über, sondern genau auf die Linie. N ist hier als Großbuchstabe zu verstehen (obwohl nicht größer als die anderen Majuskel-N's geschrieben) und als Orientierungszeichen für den Sequenzbeginn. Noch tiefer liegt das „o" beim jeweils 4. Ton, dem Abschluß der ersten Sequenzhälfte: es ist leicht unter die Linie gesetzt.

Das Setzen von Tonzeichen wie Buchstaben entweder zwischen, auf oder knapp unter die Linien in den Beispielen auf fol. 1r und 3r ist wie das farbige Markieren von Intervallabständen, Linien und Sinnzusammenhängen (fol. 1v, 2r, 3r, 4r) im *Düsseldorfer Fragment* grundsätzlich didaktisch intendiert. In solchem Ehrgeiz und in solcher Originalität ist die frühste aller erhaltenen Quellen der *Musica enchiriadis* singulär[16].

Die Miteinbeziehung von Linie und Linienzwischenraum bei der Entwicklung der musikalischen Notation wird eigentlich *Guido von Arezzo* zugesprochen. Und auch die Idee einer farblichen Kennzeichnung von Tonorten ist - obwohl bereits bei Boethius angesprochen - erst durch *Guido* ins Bewußtsein gelangt[17]. Beides allerdings findet sich in den ersten Anfängen zur *Musica enchiriadis* vorgezeichnet, wenn auch widersprüchlich und nur noch in Spuren erkennbar. Doch es ist naheliegend, daß noch weitere entsprechende (heute verschollene) Abschriften existierten, welche die beschriebenen Notationsideen des *Düsseldorfer Fragments* beinhalteten - vielleicht konkreter noch - , und von denen *Guido* Kenntnis hatte.

---

16   Die NO-Formen am Anfang der Melodiezeilen der erläuterten *descriptio* finden sich an entsprechender Stelle auch in den beiden Hss., die Abt *Hoger* als Autor nennen: vollständig in Hs. *Valenciennes* (**A**) und partiell in Hs. *Cambridge* (**Q**). **Q** verwendet sonst nicht das N, bis auf eine später zu besprechende charakteristische Ausnahmestelle.

17   N. Phillips, *Musica and Scolica enchiriadis*, a.a.O., S. 217; J. Smits v. Waesberghe, Artikel *Guido von Arezzo*, in: MGG, Bd. V, Sp. 1074.

Exkurs über Buchstaben und Dasiazeichen

Die Tonzeichen in der *Musica enchiriadis* sind entstanden aus dem Dasiazeichen ⊢ und aus Buchstaben. Zum Ausgangszeichen ⊢ , graphisch eigentlich ein ‚halbes *H*', kommen die Buchstaben *S* oder *c* hinzu. Doch die Tonzeichen können selbst wieder die Formen von Buchstaben annehmen: Das Grundzeichen für den ersten (auch zweiten und vierten) Ton entspricht einem *F*, und beim ersten Tonzeichen der *excellentes* ließe sich ein *L* herauslesen. Die Buchstaben *I* und *N* werden für die Bezeichnung des dritten Tons herangezogen, und das *iota transfixum* der *excellentes* (χ) hat die Form eines *X*. Der Verfasser der *Musica enchiriadis* scheint eine Vorliebe besessen zu haben, beim Umgang mit Tönen und beim Erfinden von Tonzeichen auf Buchstaben anzuspielen.

Exkurs über das verkleinerte Majuskel-N mit verlängertem Vorderschaft

Der bei der Melodieübung auf fol. 3r vorkommende verkleinerte Buchstabe N ist in Handschriften des karolingischen Zeitalters, und noch weit darüber hinaus, vereinzelt anzutreffen, auch wenn er der Herkunft nach, wie erwähnt, eigentlich eine veraltete Schreibart bedeutet. Die *Capitalis rustica*-Formen des N innerhalb der *Karolingischen Minuskel* allerdings sind differenziert. Als typisch bezeichnet werden können vier Erscheinungsformen: Ν , Ν ,Ν und Ν (als Ligatur von *nt*)[18]. Alle diese Formen finden sich auch im *Düsseldorfer Fragment*, dazu noch das ‚moderne' karolingische große Minuskel-N: ᴎ. Am häufigsten allerdings ist das Ν anzutreffen. Dies ist kein Zufall, denn die Form des Ν mit deutlich verlängertem Vorderschaft ist für das Werdener Skriptorium des späten 9. Jahrhunderts ein besonders charakteristisches Schreibmerkmal. Ein solches N innerhalb der vorherrschenden *Karolingischen Minuskel* kann dabei zweierlei bedeuten. Es kann ein verkleinertes großes N bedeuten, so wie beim beschriebenen „Νo" im Sequenzbeginn des Beispiels, oder wie beim „Ν̄c" (= „nunc") in der 9. bzw. 29. Zeile und beim „Νec" in der 22. Zeile auf fol. 4r. Hier ist das Ν minimal größer geschrieben als die umgebenden Kleinbuchstaben. Zweitens kann das Ν auch als Kleinbuchstabe verstanden werden. In diesen Fällen ist es nicht größer als die umgebenden Kleinbuchstaben geschrieben. Als Kleinbuchstabe verstanden kann das Ν an beliebiger Stelle im Wort vorkommen, ohne jede erkennbare Regel, ein kleines (karolingisches Minuskel-) *n* gewissermaßen ersetzend.

---

18 Vgl. B. Bischoff, *Paläographie des römischen Altertums und des abendländischen Mittelalters*, Berlin ²1986 (= *Grundlagen der Germanistik*, Bd. XXIV), S. 78ff.; H. Foerster, *Abriss der lateinischen Paläographie*, Stuttgart ²1963, S. 113ff.; *Schrifttafeln zur Erlernung der lateinischen Paläographie*, hg. v. Wilhelm Arndt und Michael Tangl, Hildesheim, 1976 (= Reprint der Ausgabe Berlin 1904), Tafeln 5, 13, 34c, 43.

Ein solches verkleinertes N, verstanden als *n*, findet sich im *Düsseldorfer Fragment* besonders auf den ersten beiden Seiten relativ häufig. Fol. 1r, Zeile 1: „dasiaɴ"; Zeile 2: „et iɴclinum"; Zeile 10, links: „iɴnumerabilis"; Zeile 14 rechts, in Verbindung mit *t*: „cohaereɴ"; Zeile 23: „iɴ ordine"; Zeile 30: „iɴcipit". Auf fol. 1v, Zeile 5: „ɴ̃" (= „non"); Zeile 6: „contineɴ"; Zeile 8: „ɴaturali"; Zeile 9: „iɴ aliam".

Daß es sich hier tatsächlich um ein Zufallsprinzip handelt, wonach der sonderbare (verkleinerte) Großbuchstabe in die Wörter quasi eingestreut ist, beweist beispielsweise die Schreibweise von „inclinum" mit normalem (karolingischem) Minuskel-n auf fol. 1r, Zeile 1 und der Verzicht auf die Ligatur bei „deficiant" oder „conticiscant" (fol. 1r, Zeile 16 und 17 rechts). Diese paläographische Eigenheit, die nicht nur auf Werden begrenzt ist, aber dennoch in Handschriften des 9. Jahrhunderts auffallend häufig dort anzutreffen ist, wurde von verschiedenen Paläographen bemerkt. Richard Drögereit sprach im Zusammenhang mit seinen Studien über Werdener Handschriften und über das *Heliand*-Epos (dessen Ursprung er in Werden vermutete) sogar von einer Art „Werdener Fabrikmarke"[19]. Doch schon Anton Chroust erwähnte das „seltsam geformte Majuskel-N"[20] in diversen Handschriften dieser Zeit, die mit Werden in Verbindung gebracht werden. Und auch B. Bischoff hielt das ɴ im Zusammenhang mit dem Werdener Schreibstil im späten 9. Jahrhundert für bemerkenswert: „Vielleicht ist eher das ungewöhnliche N als eine lokal bevorzugte, rein graphische Erscheinung anzusehen, selbst wenn es sich hie und da in anderen Schulen nachweisen ließe"[21].

19   R. Drögereit, *Werden und der Heliand, Studien zur Kulturgeschichte der Abtei Werden und zur Herkunft des Heliand*, Essen 1950, S. 47f. und 51.

20   A. Chroust, *Monumenta palaeographica. Denkmäler der Schreibkunst des Mittelalters*, 1916, zitiert nach Richard Drögereit, *Werden und der Heliand*, a.a.O., S. 22. Chrousts Bemerkung bezieht sich auf eine Stelle einer im 9. Jh. in Werden befindlichen Hs. *Gregorius Magnus, Homiliae Ezechielem*, Berlin Stift. Preuß. Kult. Bes. Hs. Theol. fol. 356, fol. 1v.

21   B. Bischoff, *Richard Drögereit, Werden und der Heliand*, Rezension, in: Anzeiger für deutsches Altertum LXXXIV, Wiesbaden 1953, S. 10. In Drögereits Argumentation spielt die Beschreibung des ältesten *Werdener Urbars* eine wichtige Rolle. Dieses Urbar entstand gegen Ende des 9. Jahrhunderts und ist im Schriftbild dem *Düsseldorfer Fragment* äußerst ähnlich. Auch für B. Bischoff ist das Urbar für die Ausprägung des Werdener Schreibstils am Ende des 9. Jahrhunderts ein Maßstab: „Von einem örtlichen karolingischen Schriftcharakter wird jedoch erst aus dem um 880 einsetzenden Werdener Urbar etwas erkennbar" (Bischoff, *Paläographische Fragen der deutschen Denkmäler der Karolingerzeit*, in: *Frühmittelalterliche Studien* V, Berlin 1971, S. 127, Anm. 147). In den „spitzwinklig ansetzenden Haaranstrichen und -abstrichen der Minuskel und den verzerrten Formen der Kapitalen (z.B. Tafel 13 [bei R. Drögereit, *Werden und der Heliand*, s.o.], Z. 5 Folkmar)" sieht er - neben dem ɴ - charakteristische Schriftmerkmale der Werdener Schule (Bischoff, Rez., S. 10). Ähnlich spricht er später von „einer (fast) senkrechten Schrift mit vielen scharfen Ansätzen" (Bischoff, *Paläographische Fragen* ..., s.o., S. 128). Bei näherer Prü-

Auch in der folgenden Textstelle der *Scolica enchiriadis* ist das Ν zu sehen.
Sie beginnt im *Düsseldorfer Fragment* auf fol. 4r in Zeile 5:

„Tritus sonus excipitur, qui in gravibus [habet] · Ν · inclinum ·/· "
(„Eine Ausnahme bildet der dritte Ton, der bei den *graves* ein Ν hat,
in Schrägform:/")

„In superioribus · Ν · versum et inclinum · ϟ · "
(„bei den *superiores* ein Ν , gewendet und in Schrägform: ϟ ")

fung fällt auf, daß gerade diese Merkmale auch im *Düsseldorfer Fragment* zu finden
sind. Das *F* beim *Fit* auf fol. 4v, Z. 2 von *K3:H3* zum Beispiel gleicht fast völlig der
„verzerrten" Initiale des *Folkmar* im Urbar. Das Ν als Charakteristikum des Werdener
Skriptoriums im 9. Jh. scheint für Bischoff eine größere Rolle zu spielen, als es sich im
Zusammenhang mit der Bischoff/Drögereit-Auseinandersetzung um den Ursprung des
Heliand auf den ersten Blick erschließt. So erweist sich Bischoffs Kritik an Drögereit aus
der Distanz als widersprüchlich. Für Drögereit sind die auffälligsten paläographischen
Werdener Merkmale des 9. Jahrhunderts zwei Buchstaben: das Ν und das durchgestrichene
(angelsächsische) b:ƀ. Bischoff, der in seiner Rezension von 1953 Drögereit noch
konzediert, „daß der Vorstoß, Werden als Heimat des Heliand nachzuweisen, mit größter
Wahrscheinlichkeit das Richtige trifft" (s.o., S. 11), nimmt später eine ablehnende Haltung
ein. Hier übergeht er Drögereits treffendes Beweismittel, das Ν als Hinweis auf Werden,
indem er nur das ƀ anführt (und zurecht bestreitet, daß dieses ausschließlich ein
Charakteristikum Werdens sei): „Die Argumentation, mit der die These von Drögereit
unterbaut ist, ... kreist um einen Buchstaben, das durchgestrichene b, ƀ ...."
(*Paläographische Fragen...*, s.o., S. 127). Andererseits betrachtet er das Fehlen des
charakteristischen Ν in Handschriften, die von Drögereit mit Werden in Zusammenhang
gebracht wurden, als Indiz dafür, daß diese nicht unbedingt aus Werden stammen müssen,
unterstreicht somit eigentlich die Beweiskraft des Ν. Zur Münchener Heliand-Handschrift
(M): „... hebt sich eine Hand ab, die das bezeichnende *N* nicht führt" (Rezension, S. 10);
„auch in dem Rest gibt es Partien, in denen das *N* gänzlich fehlt" (ebenda); in Abgrenzung
zum Ν in Werden mit längerem ersten Schaft: „... während das Majuskel-N des Heliand
[= *Heliand*-Hs. M] nur geringfügig unter die Zeile stößt" (*Paläographische Fragen...*, s.o.,
S. 128, Anm. 151). Das Widersprüchliche in Bischoffs Kritik an Drögereits Thesen wurde
bereits von W. Stüwer bemerkt (*Die Reichsabtei Werden ...*, a.a.O., S. 233). Was die
Bestimmung von *K3:H3* durch Bischoff im unveröffentlichten Katalog angeht: Auch hier
spielt das Vorhandensein des Ν offenbar eine Rolle („auch Ν "), selbst wenn er es bei dem
allgemeinen Hinweis „Nordwestdeutschland (?)" beläßt (siehe S. 27, Anm. 3).

Die Stelle[22] veranschaulicht auf plastische Weise einen der Grundgedanken des Traktats, die Parallelisierung von *littera* und „*dasiaɴ*"-Zeichen, von Buchstabe (als kleinstem Baustein von Sprache) und Ton (als kleinstem Baustein von Musik)[23].

Dort, wo zunächst aus dem Buchstaben ɴ das Tonzeichen ⟋⟍ hervorgeht, das ‚schräge N', welches den *tritos* der *graves* bezeichnet, ist das ɴ nur minimal größer als die umgebenden Kleinbuchstaben. Auf den ersten Blick eher zufällig wirkt dabei ein gemeinsames Merkmal zwischen Buchstaben- und Zeichenform: Der deutlich tiefer nach unten gezogene Anfangsschaft des Buchstabens ist auch in der Schrägform des Tonzeichens zu erkennen: ⟋⟍[24].

Verlängert beim Tonzeichen ist auch der aufwärts führende Endschaft; beim (verkleinerten) Buchstaben-N im Fragment findet sich allerdings keine Aufwärtsverlängerung des Endschafts, auch nicht im Verlauf des Texts, ausgenommen bei Ligaturen wie *cohaereɴ* oder *contineɴ* (siehe fol. 1r, Zeile 14 und fol. 1v, Zeile 6).

Analog zum ⟋⟍ bei den *graves* verhält sich das ‚gewendete' beim *tritos* der *superiores*: ⟋. Diesmal ist der Endschaft, ganz der Spiegelung des Zeichens gemäß, weit unter die Linie gezogen: ⟋⟍ | ⟋.

Wie erwähnt, kann das (veraltete) Majuskel-N - die *Capitalis rustica*-Form - in karolingischen Handschriften des 9. Jahrhunderts in verschiedener Gestalt auftreten, als ɴ, ɴ, ᴎ und ᴎ̃. Alle diese Formen finden sich auch im *Düsseldorfer Fragment*, bei Bevorzugung des ɴ. Genauer betrachtet korrespondieren die Formen des N mit verlängerten Schäften sogar mit der Ableitungsidee der Dasiazeichen. So bietet ein solches Majuskel-N nicht nur die Möglichkeit einer (wenn auch nur angedeuteten) vertikalen Spiegelung: ɴ | ɴ, sondern auch die der totalen Drehung: ᴎ̃ als Ligatur von *nt* entspricht (ohne den Querstrich) einem um 90⁰ gedrehten ɴ. In den unterschiedlichen Erscheinungsformen des im Werden des späten 9. Jhs. verwendeten Majuskel-N widerspiegelt sich die für die Formen der drei Dasiazeichen selbst grundliegende Idee des Drehens und Kippens.

---

22 Ed. Schmid, S. 84, Zeile 344 - 345.

23 M. Bielitz, *Musik und Grammatik. Studien zur mittelalterlichen Musiktheorie* (= Beiträge zur Musikforschung IV), München 1977, S. 29ff. und 63ff.

24 Die Dasiazeichen sind im *Düsseldorfer Fragment* leider oft verbaßt, die Schäfte beim beschriebenen ⟋⟍ sind hier kaum noch zu sehen. Das ⟋⟍ ist auch bei der Aufreihung der Dasiazeichen kurz zuvor, bei „Graves autem ... ⟋ ⟋ ⟋⟍ ⟋ " (fol. 4r, Zeile 2/3, = Ed. Schmid, S. 83, Z. 341) nur sehr schwer auszumachen. Sehr deutlich allerdings sind die ausholenden Schäfte beim Tonzeichen ⟋⟍ des *tritos* der *graves* auf fol. 2v in der rechten *descriptio* des ersten *descriptio*-Paares zu erkennen (siehe dort, = Ed. Schmid, S. 70, *descriptio* 11b).

Die Entstehung der Dasiazeichen aus dem δασεῖα ⊦ („nota dasiaͶ "), dem prosodischen Zeichen für den Anlaut *h*, gab immer wieder Anlaß zu Spekulationen. Die Bildung der Zeichen für den ersten (⌐), zweiten (⌐) und vierten Ton (⌐) durch alle Tetrachorde hindurch ist nachvollziehbar. Das Zeichen des dritten Tones allerdings - des wichtigsten, denn durch ihn wird die Lage der Halbtöne angezeigt - , welches je nach Tetrachordlage von / zu N , 𝄈 und Ӿ mutieren kann, ließ sich nicht so einfach erklären. Indem es am wenigsten zu den übrigen zu passen scheint, bot es schon immer einen breiteren Interpretationsspielraum.

Als am wahrscheinlichsten gilt die Herkunft des / und *N* aus griechisch-klassischen Notationszeichen; der Widerspruch einer Ableitungsmöglichkeit des *N* sowohl aus der griechischen Vokalschrift (der Buchstabe N bezeichnet dort den Ton ‚*H'*) als auch der griechischen Instrumentalschrift (N bezeichnet dort ein ‚*F'* im oberen Tonbereich) wurde dabei hingenommen. Die Spannbreite der weiteren Deutungsversuche des *N* reicht von einer Ableitung aus nordischen Runenzeichen bis hin zur möglichen Verwechslung mit einer mittelalterlichen Schreibweise des *H*[25].

Für die Erfindung des dritten Tonzeichens, speziell bei den *graves* und *superiores*, hätten auch andere Möglichkeiten zur Verfügung gestanden[26]. Der graphische Zusammenhang in den ausholenden Vorderschäften zwischen dem „seltsam geformten Majuskel-N" des Werdener Skriptoriums und dem ‚geneigten N' in der ältesten Handschrift der *Scolica enchiriadis* verblüfft, so wie grundsätzlich die Analogie der Dreh- und Kippmöglichkeiten bei den Zeichen des 1., 2. und 4. Tons und den Erscheinungsformen des Majuskel-N verblüfft.

---

25   Eine umfassende Darstellung der Dasiazeichen und ihrer Ableitungsmöglichkeiten findet sich bei B. Hebborn, *Die Dasia-Notation* (= Orpheus-Schriftenreihe zu Grundfragen der Musik LXXIX), Bonn 1995; zusammenfassend auch: N. Phillips, *Musica and Scolica enchiriadis*, a.a.O., S. 163ff; dieselbe, *The Dasia Notation and its Manuscript Tradition,* in: Musicologie médiévale, Notations et Séquences, Paris/Genève 1987, S. 157ff. Als Runenzeichen verstanden bezeichnet *N* den Laut *h*, *I* den Laut *i*, siehe: B. Hebborn, S. 188f. Zur Verwechslung des N mit H siehe: Ph. Spitta, *Die Musica enchiriadis und ihr Zeitalter*, VfMw V, 1889, S. 462, Anm. 4.

26   N. Phillips, *The Dasia Notation and its Manuscript Tradition*, a.a.O., S. 172, Ex. 4; dies. zu *N* und *I* : „ ... seems inconsistent ..." (ebenda, S. 159); Ph. Spitta zu *I* : „ ... das absonderliche Halbtonzeichen ..." (*Die Musica enchiriadis und ihr Zeitalter*, a.a.O., S. 463).

Sollte es tatsächlich jenes auffällige Schreibmerkmal gewesen sein, welches den findigen Erfinder der *Musica enchiriadis*, der offensichtlich eine Affinität zu Buchstaben und Zeichen hatte, besonders beim dritten Tonzeichen im Tetrachord der *graves* und entsprechend bei dem der *superiores* - neben den griechischen graphischen Vorgaben - mit inspirierte? Denn sollte er tatsächlich aus Werden kommen: Ein Zeichen erfinden, welches tradiertes Wissen und milieuabhängige Praxis in gleicher Weise berücksichtigt, dies kann nur der Autor, nicht der Schreiber.

5. Paläographische Ausstrahlung

Die suggestive Kraft der Buchstaben und Zeichen läßt sich noch in anderer Hinsicht feststellen, beim Vergleich der obigen Textstelle mit der entsprechenden Stelle in anderen Handschriften. Die folgende Tabelle von Handschriften der *Musica und Scolica enchiriadis* gibt die Form des Buchstaben N und des dazugehörigen Dasiazeichens beim Tetrachord der *graves* und der *superiores* wieder, gemäß der oben zitierten Textstelle aus dem *Scolica enchiriadis*-Traktat (in der Tabelle abgekürzt als *SE*):

„Tritus sonus excipitur, qui in gravibus habet · N · inclinum · *N* · "
„In superioribus · N · versum et inclinum · 𝄽 · "

Zusätzlich ist die fast gleichlautende Stelle aus dem *Musica enchiriadis*-Traktat angeführt[27] (in der Tabelle abgekürzt als *ME*):

„Excepto trito qui in gravibus notam habet · N · inclinum · *N* · "
„In superioribus · N · versum et inclinum · 𝄽 · "
(Übersetzung wie oben)

Die Tabelle berücksichtigt alle Handschriften der *Musica und Scolica enchiriadis*, welche die fragliche Stelle beinhalten. Übernommen wurden die Handschriften-Sigel der Ed. Schmid.

Aus der Auflistung geht nicht nur die Form der Schreibweise des jeweiligen Buchstaben-Dasiazeichenpaares hervor, sondern es wird auch deutlich, wie N als Großbuchstabe im sonstigen Textverlauf in der Regel aussieht, und ob außerdem das verkleinerte Majuskel-N mit verlängertem Vorderschaft innerhalb eines Wortes vorkommt (ɴ, so wie im *Düsseldorfer Fragment*).

---

27 Ed. Schmid, S. 6, Zeile 11/12.

		graves		superiores		N als Groß-buchstabe im Text	kl. N im Wort
		Buchstabe	Zeichen	Buchstabe	Zeichen		
Hs. *Düsseldorf* 9. Jh., Univ.- u.L.Bibl. Düsseldorf, Ms. K3:H3. RISM BIII 3, S. 44 (Ed. Schmid = **We**)	*SE* fol. 4r	N		N			häufig
Hs. *Valenciennes* 10. Jh., Bibl. Municip. Ms. 337 (325). RISM BIII 1, S. 134 (= **A**)	*ME* fol. 43v						häufig
	SE fol. 61v						
Hs. *Köln* 10. Jh., Stadtarch. Hs. W331. RISM BIII 3, S. 73 (= **K**)	*ME* fol. 193r						kaum
	SE fol. 228r				(sic!)		
Hs. *Cambridge* 10. Jh., Corpus Christi Coll. Ms. 260. RISM BIII 4, S. 3 (= **Q**)	*ME* fol. 3v		(fehlt)				nicht
	SE fol. 23r						
Hs. *Wien* 10. Jh., Öst. Nat.-Bibl. Cod. 55. RISM BIII 1, S. 36 (= **V**)	*ME* fol. 169r		(eingefügt)				gele-gent-lich
	SE fol. 189r						
Hs. *Bamberg* 10. Jh., StB., ms. class. 9. RISM BIII 3, S. 10 (= **J**)	*ME* fol. 2r						selten
	SE fol. 23v						
Hs. *Bamberg* um 1000, StB., Var.1. RISM BIII 3, S. 15 (= **H**)	*SE* fol. 9r						nicht
Hs. *Chartres* 10. Jh., Bibl. mun. Ms. 130 (390) RISM BIII 1, S. 84 (= **Ca**)	*ME* fol. 1v						nicht
	SE fol. 13v		(fehlt)				

Hs. *Heidelberg* 10./11. Jh., Univ.Bibl. Schr.9 RISM BIII 3, S. 60 (= **S**)	*ME* fol. 114v	N	N		N	ꪜ	N N	
	SE fol. 124v	N	(fehlt)		N	ꪜ	N N	nicht
Hs. *Einsiedeln* 10. Jh., Stiftsbibl. Cod. 79 (4 Nr. 70). RISM BIII 1, S. 74 (= **E**)	*ME* pag. 2	N	ᴧ		N	ꜱ	N	
	SE pag. 39	N	ᴧ		N	ꜱ	N	nicht
Hs. *Wien* 10. Jh., Öst. Nat.-Bibl. Cod. 2231. RISM BIII 1, S. 40 (= **Vi**)	*SE* pag. 2	N	N	(fehlt)	ꜱ		N	nicht
Hs. *Paris* 9.,10.,11. Jh., Bibl.Nat. Ms. Lat. 13955. RISM BIII 1, S. 119 (= **Ri**)	*ME* fol. 4r	N	ᴧ	(eingefügt) N	X (sic!)		N	nicht
Hs. *Wolfenbüttel* 11. Jh., Herzog-Aug.-Bibl. Cod. Gud.lat. 72. RISM BIII 3, S. 210 (= **G**)	*ME* fol. 52r	N	ᴧ		N	ꜱ	N	
	SE fol. 66r	N	ᴧ		N	ꜱ	Ꞑ N N	nicht
Hs. *München* 10.-11. Jh., BStB. Clm. 6409. RISM BIII 3, S. 99 (= **F**)	*ME* fol. 2r	N	ᴢ		N	ꜱ	N ꞑ	
	SE fol. 14v	N	ᴢ		N	ꜱ	N ꞑ	nicht
Hs. *Roma* 11. Jh., Bibl.Apost.Vat. Cod.Pal.lat. 1342 RISM BIII 2, S. 108 (= **L**)	*ME* fol. 106r	N	ᴧ		N	ꜱ	N	
	SE fol. 129v	N	ᴧ		N	ꜱ	N N	nicht
Hs. *München* 11. Jh., BStB. Clm. 14272. RISM BIII 3, S. 110 (= **M**)	*ME* fol. 155r	ꪜ	(fehlt)		N	ꪜ	ꞑ N	
	SE fol. 164r	N	ᴧ		N	ꜱ	ꞑ N	nicht

Hs.							
Hs. *München* 11. Jh., BStB. Clm. 14649. RISM BIII 3, S. 116 (= N)	*ME* fol. 2r						nicht
	SE fol. 15r						
Hs. *Barcelona* 11. Jh., Arch. d.l. Cor. d. Arag. Cod. Ripoll 42 (= R)	*ME* fol. 39r						selten
	SE fol. 47r		(sic!)				
Hs. *Paris* 11. Jh., Bibl.Nat. Ms. Lat. 7210. RISM BIII 1, S. 100 (= P)	*ME* fol. 71v		(unleserlich)	(unleserlich)			nicht
	SE pag. 33				(fehlt)		
Hs. *München* 2.H.11. Jh., BStB. Clm. 14372. RISM BIII 3, S. 113 (= O)	*ME* fol. 1v						nicht
	SE fol. 12r						
Hs. *München* Ende 11. Jh., BStB. Clm. 18914. RISM BIII 3, S. 135 (= T)	*ME* fol. 1v						nicht
	SE fol. 13v						
Hs. *Paris* 11. od. 12. Jh., Bibl.Nat. Ms. Lat. 7212. RISM BIII 1, S. 105 (= C)	*ME* fol. 2r			(fehlt)			nicht
	SE fol. 18v						
Hs. *Madrid* 11. Jh., Bibl. Nac. Ms. 9088. (= D)	*ME* fol. 104r						nicht
	SE fol. 113r				(fehlt)		
Hs. *Bruxelles* 11/12. Jh., Bibl. Royale Inv.No. 1078-95. RISM BIII 1, S. 55 (= B)	*ME* fol. 46v						nicht
	SE fol. 60r						

Hs. *Bruxelles* 11. Jh., Bibl. Royale Inv.No. 10114-16 RISM BIII 1, S. 57 (= **Br**)	*ME* fol. 76v					
	SE fol. 90v		(fehlt)		(fehlt)	nicht

Hs. *Kraków* 11. Jh., Bibl. Jagiellónska Ms. BJ 1965 (= **Kr**)	*ME* pag. 2	(fehlt)				
	SE pag. 24					nicht

Hs. *London* 11. Jh., Brit. Libr. Add. Ms. 17808. RISM BIII 4, S. 41 (= **Ad**)	*ME* pag. 44					
	SE pag. 69 (= fol. 36r)		(fehlt)			nicht

Hs. *London* Ende 11. Jh., Brit. Libr. Arund. Ms. 77. RISM BIII 4, S. 62 (= **Do**)	*ME* fol. 63v					
	SE fol. 74v					nicht

Hs. *Monte Cassino* 11. Jh., Cod. 318 Q. RISM BIII 2, S. 64 (= **Mc**)	*ME* fol. 71v		(sicl)			nicht

Hs. *Firenze* 12/13. Jh., Bibl. Med. Laur. Ms. Ashb. 1051. RISM BIII 2, S. 43 (= **Fi**)	*ME* fol. 151r					
	SE fol. 159r				(fehlt)	nicht

Hs. *Paris* 13. Jh., Bibl.Nat. Ms. Lat. 7211. RISM BIII 1, S. 101 (= **U**)	*ME* fol. 1v			(fehlt)		
	SE fol. 22r					nicht

Hs. *Erlangen* 13. Jh., Univ.Bibl. Ms. 66. RISM BIII 3, S. 45 (= **He¹**)	*ME* fol. 86r		(eingefügt)			
	SE fol. 99r					nicht

Hs *Oxford* ca 1400, Bodleian Library, Ms. Canon. Misc. 212 RISM BIII 4, S. 118 (= **X**)	*ME* fol. 3v	H	ꓭ		ꝓ (eingefügt) ꝛ	ᴀ (sic!)	ꞃ	nicht
	SE fol. 15v	H	(fehlt)			ɣ	ꞃ	
Hs. *Milano* 14. Jh., Bibl. Ambros. Cod. D.5.inf. RISM BIII 2, S. 53 (= **In**)	*ME* fol. 22r	N	ᴧ		N	ꞑ	ꞃ	nicht
	SE fol. 35v	N	ᴎ		N	ꞑ	ꞃ	
Hs. *Roma* 14.Jh., Bibl. Apost. Vat. Cod. Regin. lat. 1315 RISM BIII 2, S. 116 (= **Gi**)	*ME* fol. 88v	N	ᴧ		N	ᴜ	N	nicht
	SE fol. 102v	N	ᴢ		N	(fehlt)	N	
Hs *Cesena* 15. Jh., Bibl. Malatestiana Ms. S. XXVI.1. RISM BIII 2, S. 21 (= **Es**)	*ME* fol. 132v	N	N		N	ᴧ (sic!)	N	nicht
	SE fol. 147v	N	ᴎ		N	ꞑ	N N	

In der vorstehenden Auflistung, die soweit wie möglich die Chronologie der
Handschriften und in etwa die Größenverhältnisse der Zeichen wiedergibt, ist
erstaunlich, daß bei der Gegenüberstellung von Buchstabe und Tonzeichen beim
Buchstaben N in den meisten Handschriften eine Beziehung zur Werdener
Schreibweise zu bestehen scheint: die *Capitalis-rustica*-Form bleibt
grundsätzlich erhalten, selbst in sehr späten Handschriften, wo sich ansonsten die
Schriftart deutlich gewandelt hat. Fast immer ist das N wie im *Düsseldorfer
Fragment* (= **We** in der Tabelle) verkleinert: es ist in den meisten Fällen genau
an dieser Stelle kaum größer als die gewöhnlichen Kleinbuchstaben, oft sogar nur
genau so groß wie diese. Und vor allem: Der abwärts verlängerte Vorderschaft
findet sich häufig auch dort, wo er beim Text-N in der Regel fehlt, oder das
verkleinerte Majuskel-N innerhalb eines Wortes kaum bzw. überhaupt nicht
anzutreffen ist. Es sind hier besonders die Handschriften zu nennen, welche dem
Archetypus am nächsten stehen, aber auch andere finden sich unvermutet
darunter: **A, K, Q, V, J, H, Ca, S, G, N, R, C, B, He**[1] und **X**[28].

Die Formeln ᴎ = ⟋ bzw. ᴎ = ⌐ müssen die Primärformen der
zitierten Stellen aus der *Musica enchiriadis* darstellen, die Formen des
Archetypus. Die suggestive Kraft der graphischen Zeichen innerhalb der paarigen
Anordnung von Buchstabe und Tonzeichen hinterließ ihre Spuren in zahlreichen
Abschriften. Sie schien erst in späterer Zeit nachzulassen, wo sich die Formen
verändert und die Größenverhältnisse von Buchstaben und Zeichen einander
angepaßt haben. In frühen Hss. wie *Valenciennes* (**A**) und der mit ihr
verbundenen *Köln* (**K**)[29], aber auch in der Hs. *Heidelberg* (**S**) wirkt diese Kraft
am stärksten, denn dort ergreift die Spiegelungsidee der Dasiazeichen sogar
Besitz von dem Buchstaben N mit verlängertem Schaft:

ᴎ | ᴎ (**K** und **S**: *ME*) bzw.: ᴎ | ᴎ (**A**: *ME*)

Solches ,Spiel der Schäfte' - Ausdruck puren Genusses an geometrischer
Form - wäre kaum zustande gekommen, hätte es nicht die inspirierenden
Majuskel-Formen des N gegeben (s.o.). Zwar kommt der tiefer gezogene
Anfangsschaft beim Großbuchstaben N im Text in **A** vor, nicht aber in **K** und in
S. Der Minuskel-Ersatz, das ᴎ im Wort, ist nicht in **S** anzutreffen, kaum in **K**, in
A allerdings relativ häufig, was beachtenswert ist, denn in Handschriften aus St.
Amand zählt die beschriebene Buchstabenform nicht zu den erwähnenswerten
paläographischen Besonderheiten[30].

---

28   Die dem Archetypus am nächsten stehenden Hss. sind nach Schmid außer dem *Düsseldorfer
      Fragment* (We): **A, G, H, J, K, Q, V** (Ed. Schmid, S. X).

29   Die Hs. *Valenciennes* (**A**) stimmt mit der Hs. *Köln* (**K**) fast völlig überein. Siehe H. Schmid,
      Kgr.-Ber. Köln, a.a.O., S. 262f.

30   Ein ᴎ innerhalb des Textverlaufs wurde vom Verf. in **K** ein einziges Mal entdeckt. Die
      Häufigkeit des ᴎ in **A** ist allerdings auffallend. Denn nach einer Computer-Recherche von

Die Wandlungen der Tonzeichen ∕∕ und ∮ verlaufen parallel zu den Veränderungen beim Buchstaben N: Die schwungvollen Anfangs- und Endschäfte in frühen Quellen bleiben zunächst erhalten, wenn auch in unterschiedlichen Schräglagen[31] und teilweise mit Abschlußstrichen versehen, verlieren sich dann (so wie die langen Schäfte beim Buchstaben verschwinden), und werden zusehends verknappt. Anfänglich meist größer geschrieben als das Majuskel-N, werden die Tonzeichen in späteren Handschriften kleiner, passen sich der Größe nach dem Buchstaben N an.

Resümierend läßt sich feststellen, daß die paarige Anordnung von Buchstabe und Tonzeichen in beiden Textstellen etwas Bewahrendes zur Folge hatte. Es ist fast so, als ob der Buchstabe N selbst als Zeichen aufgefaßt und die Schreibweise beim Abschreiben entsprechend respektiert wurde - wodurch die offensichtliche Urform Ͷ lange Zeit konserviert wurde. In einigen Handschriften wurden falsche Zeichen gesetzt (**K, Ri, R, Mc, X, Es**), in vielen fehlt entweder ein Buchstabe oder ein Zeichen (**Q, Ca, S, Vi, M, P, C, D, Br, Kr, Ad, Fi, U, X, Gi**) oder es wurde nachträglich eins von beiden hinzugefügt (**V, Ri, He**[1]**, X**), auch gibt es Handschriften, in denen Buchstaben wie Zeichen fast gleich aussehen (**R, D, Gi, Es**). Dies kann nur bedeuten, daß dem Schreiber der Zusammenhang nicht immer deutlich war bzw. daß er das eine mit dem anderen gelegentlich verwechselt hat. Die sicherste Gewähr beim Abschreiben von Nicht-Verstandenem aber ist: es genauso abschreiben, wie es dasteht. Die Unsicherheit so mancher Schreiber von späteren Abschriften der *Musica enchiriadis* hatte vielleicht doch einen Vorteil: Sie könnte mit zur Entschlüsselung des Ursprungsortes der Schrift beigetragen haben.

B. Ebersperger gehört ein Ͷ - so wie in Werden - für das Skriptorium in St. Amand nicht zu den typischen Stilmerkmalen. In Bischoffs Beschreibung der Handschriften aus St. Amand des 9. Jahrhunderts im unveröffentlichten Katalog (siehe S. 27, Anm. 3) findet die charakteristische Buchstabenform kaum Erwähnung. Eine Erklärung dürfte sein, daß an der Hs. *Valenciennes* viele Hände mitgeschrieben haben, was zu einem ziemlich bunten Erscheinungsbild führte. Ergänzend sei bemerkt, daß das Ͷ gelegentlich auch in dem *Graduale, Codex 239, Bibl. mun. Laon* (um 930 im Laon-Umfeld entstanden), vorkommt, ohne daß es sich dabei um ein ausgeprägtes Stilmerkmal handelt. Es findet sich dort auf einigen Folios, doch meistens nur (und dies im Unterschied zu Werden) am Wortanfang. Siehe: *Paléographie musicale*, X, Tournai 1909, Faksimile-Anhang.

31   Die Formen der Dasiazeichen - dabei nicht nur die des ∕∕ und ∮ - sowohl im *Düsseldorfer Fragment* als auch in *Var. 1* haben zuweilen eine extrem hohe Schräglage und belegen somit auf eigene Weise ihre gegenseitige Aufeinanderbezogenheit. Überhaupt könnte mit zu den Charakteristika der Urschrift eine hohe Schräglage der Tonzeichen zählen, denn viele Zeichen der mit dem Archetypus in Zusammenhang stehenden Abschriften (siehe S. 85, Anm. 28) weisen eine vergleichbar hohe Schräglage auf.

6. Die Textauslassung

Die Textauslassung im *Düsseldorfer Fragment* ist in der Mitte der 8. Zeile von fol. 4r anzusetzen und ist bei der Textübertragung (und Übersetzung) im Anschluß an fol. 4r wiedergegeben. Die Auslassung erstreckt sich von „Δ: Unde possum dinoscere ..." bis „ ... nec nisi in nonum usque ascendit". Das Ausgelassene muß dem Schreiber allerdings vorgelegen haben. Dies läßt die Schrift von fol. 4r deutlich erkennen. Nach dem Abbruch in der Mitte der 8. Zeile bei „ ... qui in ordine sic disponantur" erfolgt in derselben Zeile bruchlos der Wiedereinstieg mit „Et hactenus...". Die Schrift ist ab hier jedoch viel klarer, auch dunkler (vorher war sie rotbraun, jetzt ist sie dunkelbraun) und etwas enger. Vielleicht handelt es sich sogar um eine andere Hand. Der Schriftwechsel, der präzise die Auslassungsstelle markiert, ist Beleg dafür, daß der Schreiber von fol. 4r von einer Vorlage abgeschrieben hat, die aller Logik nach die Auslassung beinhaltet haben mußte. Das Ausgelassene selbst ist also indirekt, durch den Schriftwechsel, präsent. Der nahtlose Wiedereinstieg mitten in der Zeile drückt entweder Entscheidungsfreiheit aus über das, was auszulassen für zweckmäßig befunden wurde, oder (nach der Unterbrechung der Schreibarbeit und dem Auffrischen der Tinte) reine Nachlässigkeit.

Eine eindeutige Erklärung für die Textauslassung zu finden, ist schwierig. Intelligenz und Kenntnisreichtum des oder der Schreiber sprechen gegen einen Fehler aus Unverstand. Die spürbare Nähe zur musikalischen Praxis beim *Düsseldorfer Fragment* könnte allerdings den Widerspruch zwischen kundiger Hand einerseits und lässiger Auslassung andererseits lösen. Wie erläutert war die Abschrift vorwiegend für Unterrichtszwecke gedacht. Vielleicht handelt es sich sogar um eine Art Repetitorium: eine Abschrift des *Scolica enchiriadis*-Traktats von jemandem, dem das System bereits vertraut war, und wodurch Konzentrationen und Vernachlässigungen gleichermaßen möglich werden konnten[32].

Denkbar ist allerdings auch eine Verwechslung. Der Inhalt der Auslassung ist im weitesten Sinn schon an früherer Stelle der *Scolica enchiriadis* angesprochen worden, wenn auch in anderem Zusammenhang: im Anschluß an den *absonia*-Dialog, bei der Betrachtung der tetrachordübergreifenden Tonbeziehungen und der Beziehung von Melodieabschnitten untereinander. Man vergleiche zum Beispiel aus der Fortsetzung von fol. 2v, eine auch sprachlich verwirrende Stelle:

---

32 Die Idee eines Repetitoriums der gesamten *Scolica enchiriadis* im Blick auf die *Musica enchiriadis* klingt bei N. Phillips an, siehe: N. Phillips, Rezension zu Hans Schmid, *Musica et Scolica enchiriadis*, JAMS XXXVI, 1983, S. 137f. und 141f.

„Igitur nisi id, quod subiungendum est et a sono archoo ⟋ᕁ incipit, aut equale ponas cum finali sono praecedentis meli, eodem dumtaxat ⟋ᕁ archoo, aut quinto loco superius seu quinto loco inferius ... minime id, quod subsequitur, concordare potest cum eo quod praecedit"[33]
(„Nur, wenn du die anzufügende und im ersten Ton - ⟋ᕁ - beginnende Melodie gleich ansetzst mit dem Schlußton der vorausgehenden Melodie, also im nämlichen ersten Ton - ⟋ᕁ - , oder fünf Stufen höher oder tiefer ..., kann die anzuschließende Melodie mit der vorangestellten harmonieren")

mit einer Stelle der Fortsetzung von fol. 4r (= Teil der Auslassung):

„Cum enim inferiorem quemque tonum quinto loco valeamus altiorem ponere et superiorem quinto loco graviorem, ut supra monstratum est, profecto non secundum id superior dicitur aut inferior, quod altius aut inferius alter canatur ab altero, sed secundum id, quo sese utrique toni ad sonum finalem habent"[34]
(„Da wir jede tiefere Tonart nur eine Quint nach oben und jede höhere nur eine Quint nach unten transponieren können, wie oben gezeigt wurde, heißt eine Tonart in der Tat nicht deswegen höher oder tiefer, weil sie höher oder tiefer als die andere gesungen wird, sondern im Hinblick darauf, wie sich die beiden Tonarten zum Schlußton verhalten")

Und am Ende der Erörterungen möglicher Fehler bei der (‚tonlichen') Verknüpfung von Melodiesegmenten, am Schluß der Fortsetzung von fol. 2v, heißt es:

„Et de hac quoque discrepantia satis dictum"[35]
(„Damit ist auch von dieser Diskrepanz genug gesagt")

- leicht zu verwechseln mit dem Anschlußsatz nach der Auslassung (fol. 4r, Zeile 8):

„Et hactenus de discrepantiarum generibus devitandis superius dicta terminata sint"
(„Und hier sei das, was oben über das Vermeiden der Arten von Diskrepanzen gesagt wurde, beendet")

---

33   Siehe Forts. von fol. 2v, S. 48 , Z. 5-12 (= Ed. Schmid, S 74, Z. 173-181).
34   Siehe Ergänzung zu fol. 4r, S. 58, Z. 10-14 (= Ed. Schmid, S 84/85, Z. 360-365).
35   Siehe Forts. von fol. 2v, S. 48, Z. 21 (= Ed. Schmid, S. 75, Z. 192/193).

Die vage inhaltliche Berührung beider Abschnitte könnte einerseits der Grund für die Auslassung sein, andererseits auch eine Erklärung für den merkwürdigen Anschlußsatz beim Wiedereinstieg nach der Auslassung: „Et hactenus de discrepantiarum..." (s.o.). Im ausgelassenen Text finden sich keine Ausführungen über Mißstimmiges. Die „discrepantiae" verweisen auf den *absonia*-Dialog, bzw. auf den die Erörterungen zur Melodiebildung im Anschluß an den *absonia*-Dialog abschließenden Satz „Et de hac quoque discrepantia satis dictum".

Der deplazierte Anschlußsatz auf fol. 4r, Zeile 8, welcher die ausgelassene Stelle präsent werden läßt, indem er sie mit der früheren zu verwechseln scheint, erweist sich somit entweder als Ausdruck souveräner Nachlässigkeit, oder als solcher menschlicher Zerstreutheit - ein kurzer *Blackout* - eines zweifelsfrei kompetenten Schreibers.

7. Schreiber

Der Schriftwechsel auf fol. 4r, Zeile 8 könnte auch durch einen Schreiberwechsel erklärbar werden. Überhaupt stellt sich die Frage, ob am *Düsseldorfer Fragment* nicht verschiedene Hände mitgeschrieben haben. Die bestechende Genauigkeit und besonders die überzeugende Raumaufteilung zwischen Text und *descriptiones* in fol. 1r verleihen dieser Seite eine Mustergeltung und lassen gleichzeitig an den Meister als Schreiber selbst denken. Die abnehmenden grünen und roten Farbmarkierungen der *descriptiones* auf fol. 1r - 2r, die etwas markanter geschriebenen Dasiazeichen und deren fehlende (gelbe) Farbgrundierung auf fol. 2v, aber auch das ab fol. 2r seltener werdende charakteristische N oder die insgesamt nicht einheitliche Verwendung von Abkürzungen könnten auf Schreiberwechsel schließen lassen[36].

---

36   Auf fol. 3r heißt es ständig *pentecordum*, auf fol. 1r dagegen und fol. 1v (ausgenommen viertletzte Zeile) *pentacordum*. Fol. 3v scheint weniger Abkürzungen zu verwenden (z.B. 1. Zeile: *faciem* und *invicem* ausgeschrieben, 2. Zeile: *differant* und *faciant* ohne nt-Ligatur). Ob das *tercius* der ersten 4 *Folios* ab fol. 3v beibehalten bleibt, ist schwer zu entscheiden, da die Stellen jeweils undeutlich sind. Die Bemerkung B. Bischoffs in seiner unveröffentlichten Bestimmung von *K3:H3*, „Min. zweier Hde., leicht geneigt und gerade" (siehe S. 27, Anm. 3), unterstreicht einerseits den Eindruck eines Schreiberwechsels, läßt andererseits offen, wo der Wechsel vorliegt. Vorstellbar wäre weiterhin, daß zur Farbunterlegung der Zeichen ein Spezialist (Farbmischer) zur Verfügung gestanden hatte (oder eben - im Falle *K3:H3* - nicht immer). Eine solche Arbeitsteilung war in frühmittelalterlichen Skriptorien nicht unüblich.

Sollten es tatsächlich mehrere Hände gewesen sein, so verblüfft der konstant hohe Kenntnisstand der Schreiber: Die Fehlerrate ist überall vergleichbar niedrig. Oder es muß eine Hand gegeben haben, der die Aufgabe des Redigierens zukam. Vielleicht ist so die erwähnte Verbesserung der Dasiazeichen auf fol. 1r und 4r zu erklären[37]. Sollte es die redigierende Haupthand tatsächlich gegeben haben, so führte sie das charakteristische N. Denn auf fol. 2r, 1. Zeile, wurde das Wort *archion* (ohne erkennbares N, also mit *n*) in *archoo*N verbessert.

8. Schriftprobe oder verschlüsselter Melodieanfang?

Am Ende von fol. 4v, weit abgesetzt von der Schlußbemerkung „FINIT PARS PRIMA", findet sich eine musikalisch sinnlose Folge von fünf Dasiazeichen:

(übertragen:)

Es könnte eine Schriftprobe sein. Doch die Zeichen stehen äußerst korrekt in einer Linie, wie bei der Aufzeichnung einer Melodie. Handelt es sich vielleicht um eine ‚verschlüsselte' Melodie des oder der gewitzten Schreiber? Denn bei Drehung des 1. und 3. Zeichens entsteht melodischer Sinn:

37   Siehe S. 63 und 66.

Die Fünftonfolge stellt einen häufig verwendeten Melodieanfang innerhalb der *Musica enchiriadis*-Traktatgruppe dar. Es ist der (vorzeitig abgebrochene) Beginn der Zeilen „Te humiles famuli..." bzw. „sonoris fidibus ..." der „*Rex caeli*"- Sequenz aus der Hs. *Bamberg, Var. 1*[38]:

Te hu-mi-les fa-mu-li mo-du-lis ve-ne-ran-do pi-is | So-no-ris fi-di-bus fa-mu-li ti-bi--met   de-vo-ti
Se iu-be-as fla-gi-tant va-ri-is li-be-ra--re ma-lis | Da-vi-dis se-qui-mur hu-mi-lem re-gis pre-cum hos-ti-am

Te hu- mi- les fa- mu- li mo- du- lis ve- ne- ran-do pi- is
Se ju- be- as fla- gi- tant va- ri- is li- be- ra- re ma- lis

So- no- ris fi- di- bus fa- mu- li ti- bi- met de- vo- ti
Da- vi- dis se- qui- mur hu- mi- lem re- gis precum ho- sti- am

Die Melodiezeile ist weiterhin zu finden im *Rex caeli*-Musterbeispiel bei den Erörterungen über die Toneigenschaften (*proprietas*) im 7. Kapitel des *Musica enchiriadis*-Traktats:

[39]

tetrardos	tetrardos	archoos	deuteros	tritos	tritos	deuteros	tetrardos	deuteros	archoos	tetrardos	archoos	tetrardos	tritos	archoos	deuteros
Te	hu	mi	les	fa	mu	li	mo	du	lis	ve	ne	ran	do	pi	is

tetrardos	tetrardos	archoos	deuteros	tritos	tritos	deuteros	tetrardos	deuteros	archoos	tetrardos	archoos	tetrardos	tritos	archoos	deuteros
Se	iu	be	as	fla	gi	tant	va	ri	is	li	be	ra	re	ma	lis

(Übertragung wie zuvor)

38 Ed. Schmid, S. 218 und 219.
39 Ed. Schmid, S. 12.

Ebenfalls im *Musica enchiriadis*-Traktat findet sich die Melodie in der zweistimmigen Version des „Te humiles famuli ..." - bzw. „Se iubeas flagitant ...", als
vox principalis:

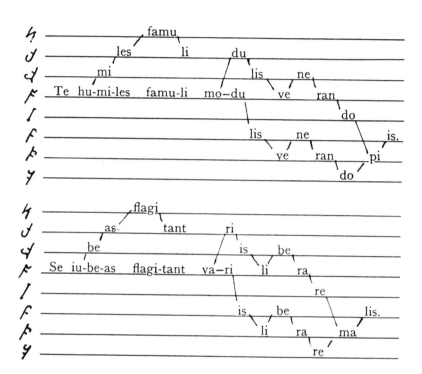

Te   hu-   mi- les   fa-   mu-   li   mo-   du- lis   ve-   ne-   ran- do pi-   is
Se   ju-   be-   as   fla-   gi- tant   va-   ri-   is   li-   be-   ra-   re ma- lis

---

40   Ed. Schmid, S. 51, *descriptio* 1.

Sogar das „scande celi ..." im *Bamberger Dialog über das Organum* kann als Variante der „Te humiles famuli ..."-*descriptio* angesehen werden:

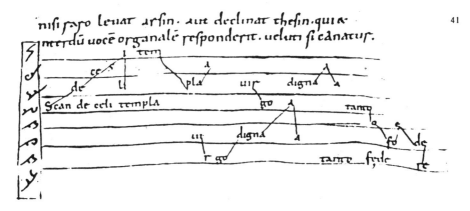

41

Hs. *Bamberg*, Staatsbibl., Codex HJ. IV. 20. (Var. 1), fol. 60r

Scan- de ce- li   tem- pla   vir- go dig- na   tan- to   foe - de- re

Die Vorstellung des Wendens und Kippens von Zeichen entspricht dem Dasiasystem, ist ihm eingeschrieben als essentielles Moment, wird entsprechend gelehrt und ist am Ende des ersten Teils des *Scolica enchiriadis*-Traktats („FINIT PARS PRIMA") als ‚gekonnt' vorauszusetzen. Hatten sich da vielleicht einige *humiles famuli* der Werdener Abtei - dem gestrengen Auge des Meisters entzogen - *sonoris fidibus* einen Spaß erlaubt, ein ‚Dasia-Rätselspiel' kreiert mit dem Anfang jener Schulmelodie, welche im Unterricht wohl häufigstes Demonstrationsobjekt war? Oder war es der Meister selbst, der sich am Ende des ersten Teils eine kleine, aber beziehungsreiche Prüfungsaufgabe überlegt hat, die im Herausfinden und Korrigieren des Anfangs einer (oft behandelten) Melodie und deren Fortsetzung bestanden haben könnte? Für die zweite Vermutung spricht, daß eine Pergamenthandschrift wohl kaum in Händen der Schüler verblieben durfte, sondern vom Lehrer selbst verwahrt wurde.

---

41   Ed. Schmid, S. 215; Faks. bei E. L. Waeltner, *Bamberger Dialog...*, a.a.O., nach S. 178. Mit dem Melodiesegment entfernt vergleichbar ist selbst die *Tu patris sempiternus est filius*-Übung in der ‚g'-Transposition, die sowohl im *Musica enchiriadis*-Teil als auch im *Bamberger Dialog* enthalten ist: Siehe Ed. Schmid, S. 55 und 217. Allgemein zur *Rex caeli*-Sequenz vgl. auch: N. Phillips / M. Huglo, *The versus Rex caeli - another look at the so-called archaic sequence,* Journal of the Plainsong and Medieval Music Society V, 1982, S. 36ff.

Sollte die Interpretation eines verschlüsselten Melodieanfangs triftig sein, so hätte dies nicht unerhebliche Konsequenzen. Denn der Nachweis dieser in *Var. 1* mehrfach vorhandenen Schulmelodie auch im *Düsseldorfer Fragment* könnte ein Indiz dafür sein, daß alle in *Var. 1* enthaltenen Schriften zum Dasiasystem bereits Ende des 9. Jahrhunderts in Werden vorlagen und bekannt waren, bzw. daß die Ausprägung und Entwicklung des Systems der *Musica enchiriadis* in ihrer ganzen Breite - d.h. dem Inhalt von *Var. 1* entsprechend - schon früh in Werden erfolgte.

9. Vorläufiges Fazit

Das *Düsseldorfer Fragment* erweist sich als Teil einer originellen, von kundigen, kreativen und experimentierfreudigen Händen verfertigten Abschrift einer heute verschollenen Vorlage des *Scolica enchiriadis*-Traktats. Diese Abschrift muß in unmittelbarer Nähe des Autors, wahrscheinlich sogar mit seiner Beteiligung entstanden sein. Dem oder den Schreibern dürfte der gesamte Traktat der *Scolica enchiriadis* vorgelegen haben, mit großer Wahrscheinlichkeit dürfte auch der gesamte Inhalt der *Bamberger* Handschrift *Var. 1* in Werden um 900 bereits bekannt gewesen sein. Dies läßt das (mögliche) *humiles famuli/sonoris fidibus*-Fragment nur spekulativ vermuten, mehr dagegen der Gesamtinhalt von *Var. 1*. Denn dieser ist primär eine Zusammenstellung von praxisbezogenen Schriften[42]. Und gerade der Praxisbezug ist im *Düsseldorfer Fragment* besonders ausgeprägt. Ihm verdankt es vielleicht sogar seine Entstehung und seinen Verbleib in Werden: eine Abschrift zum konkreten unterrichtlichen (Haus-) Gebrauch, entstanden aus aktuellem Anlaß (und mit Sicherheit nicht bestimmt für den ‚Export'). Aus diesem Praxisbezug könnten sich z.B. die kleinen, aber souveränen Nachlässigkeiten der Schrift rechtfertigen lassen, die Tonzeichenfehler, resultierend aus dem Bestreben nach didaktischer Veranschaulichung - auch wenn diese uneinheitlich geraten ist -, der akzeptierte Bruch infolge der Textauslassung - er hätte bei der Intelligenz des oder der Schreiber bemerkt werden müssen -, die fehlenden *descriptiones* auf fol. 3v und 4r, deren Notierung vielleicht nicht für nötig befunden wurde: Das System der *Musica enchiriadis* muß sich in Werden am Ende des 9. Jahrhunderts zumindest in einer intensiven Erprobungsphase befunden haben, wenn es nicht bereits bekannt und im liturgischen Alltag verankert war. Bei solcher Lebendigkeit im musikpraktischen Umgang kann gefolgert werden, daß die musikalische Unterweisung im Werden des ausgehenden 9. und des 10. Jahrhunderts einen gewichtigen Platz eingenommen hat.

---

42   Zum Praxisbezug von *Var. 1* siehe: N. Phillips/M. Huglo, *The versus Rex caeli* ..., a.a.O.,
     S. 41; Chr. Kaden, *Tonsystem und Mehrstimmigkeitslehre* ..., a.a.O.

Die Situation in Werden um 900

Die allgemeine geistig-kulturelle Situation

Die Quellenlage hinsichtlich der Werdener Geistes- und Kulturgeschichte im karolingischen Zeitalter ist, gemessen an anderen regionalen und lokalen Beständen, relativ ungünstig. Erst nach und nach schälten sich die Umrisse eines schon im frühen Mittelalter bedeutenden Zentrums heraus. Was man heute weiß, ist das Ergebnis mühsamer Detailstudien von Wissenschaftlern unterschiedlichster Ausrichtung[43].

Die Abtei wurde 799 von dem aus dem friesischen Hochadel des Utrechter Kreises stammendenen *Liudger* (um 742 - 809) gegründet. Als ‚Eigenkloster' gehörte es ihm und - nach dem Tode - seinen verwandten Abtnachfolgern, den sogenannten *Liudgeriden*. Die Orientierung der Klostergemeinschaft war benediktinisch, wobei - wie später ausgeführt - im Kloster neben den Mönchen auch Weltgeistliche mitwirkten, teilweise sogar dort lebten. Die Bewohner entstammten weitgehend dem Hochadel, hatten also einflußreiche Verwandte und konnten zum Beispiel das Kloster auch wieder verlassen. Und Liudger, selbst adelig, erlaubte sich offensichtlich eine moderate Amtsführung, im Vertrauen auf

---

43 Ohne auf die mittlerweile umfassende Literatur näher eingehen zu können, seien hier nur einige für die frühe Kulturgeschichte Werdens wichtige Arbeiten genannt, die für die folgenden Ausführungen die Grundlage bilden: W. Diekamp, *Die vitae sancti Liudgerii*, Münster 1881; P. Jacobs, *Werdener Annalen*, Düsseldorf 1896, darin: „*Historia regalis et insignis monasterii et abbatiae Werthinensis*", Per fr. *Henricum Dudenum abbatem Werdenensem collata* (H. Duden war von 1573 - 1601 Abt in Werden); *Publikationen der Gesellschaft für Rheinische Musikgeschichte. Rheinische Urbare. Sammlungen von Urbaren und anderen Quellen zur Rheinischen Wirtschaftsgeschichte.* II: *Die Urbare der Abtei Werden a. d. Ruhr. A. Die Urbare vom 9. - 13. Jh.*, hg. v. R. Kötzschke, Nachdruck der Ausgabe Bonn 1906, Düsseldorf 1978; M. Manitius, *Hogers von Werden Musica Enchiriadis*, a.a.O.; R. Drögereit, *Werden und der Heliand*, a.a.O.; ders., *Liudger und die Angelsachsen*, in: Auf Roter Erde. Heimatblätter der Westfälischen Nachrichten XIII,5, 1953, S. 33ff.; B. Bischoff, *Richard Drögereit*, Rezension, a.a.O., S. 7ff.; ders., *Karl der Große. Lebenswerk und Nachleben.* II: *Das geistige Leben*, Düsseldorf 1965, S. 204f.; ders., *Paläographische Fragen ...*, a.a.O., S. 126ff.; Katalog zur Ausstellung *Vergessene Zeiten. Mittelalter im Ruhrgebiet*, a.a.O.; W. Stüwer, *Die Reichsabtei Werden ...*, a.a.O.; H. Hoffmann, *Bamberger Handschriften ...*, a.a.O.; D. Torkewitz, *Zur Entstehung ...*, a.a.O.; H. Finger, *Benediktinisches Mönchstum im deutschen Nordwesten: Die Abtei Werden* - Vortrag am 10. 03. 1998 im Gymnasium Essen-Werden; Katalog zur Ausstellung *KlosterWelt*, a.a.O.

seinen zeitweiligen Statthalter und jüngeren Bruder *Hildigrim I*, oder auf verwaltungskundige Werdener Mitbrüder. Denn er gründete 805, im Auftrag Karls des Großen, das Bistum Münster und wurde zusätzlich Bischof von Münster. Obwohl Werden sein Hauptkloster war, hielt sich Liudger mehr in Münster auf, um seiner Hauptaufgabe, der Missionierung, nachzugehen. Eine gestrenge Einhaltung klösterlicher Normen war die Sache Werdens also nicht, es galt eher - innerhalb der gegebenen Möglichkeiten - als „liberal"[44].

Das Kloster hatte nach zunächst kontinuierlichem Aufstieg einige Wirren zu bestehen. Im Zuge von Konflikten und Erbstreitigkeiten mit einem der Nachfolger und Verwandten Liudgers, *Bertold*, kam es um die Jahrhundertmitte fast zur Auflösung. Doch konnten sich die Mönche gegenüber *Bertolds* Absichten, das Kloster in Familienbesitz zu überführen, durchsetzen, offenbar mit Hilfe des sächsischen Herrscherhauses (Herzog *Otto*), mit Zuspruch des Königshofes und aufgrund des Schiedsspruchs einer Synode in Mainz. Der Fortbestand des Klosters scheint ab 864 gesichert, seit dem Amtsantritt *Hildigrims II*, des letzten der *Liudgeriden*. Von hier an kam es zur eigentlichen ersten Blüte. 875 erfolgte die Weihe der großen Klosterkirche. Ab 877 erstritten sich die Mönche besondere Rechte wie Königsschutz, Immunität und Erlaubnis der freien Abtswahl. Die Nachfolger *Hildigrims II* waren die ersten frei gewählten Äbte: *Andulph* (887 - 888?), *Hembil* (888 - 891?), *Adaldag* (892?), *Odo* (892?), *Hoger* (spätestens 898).

Voraussetzungen zu jeder geistigen und kulturellen Blüte sind gesunde wirtschaftliche Verhältnisse. Es gibt aus dem ausgehenden 9. Jh. Belege über deren Vorhandensein. „Nach Ausweis des ältesten Urbars war auch schon um 900 der Werdener Klosterbesitz ... ungewöhnlich reich"[45]. Der Grundbesitz umfaßte weit über tausend Höfe: die bedeutendste wirtschaftliche Konzentration im heutigen Ruhrgebiet. Abt *Hoger* selbst, der fünfte Wahlabt der Abtei, dessen Amtsantritt mit 898 angegeben wird, der aber unter Umständen etwas früher liegen könnte (nach 892)[46], regierte wirtschaftlich offenbar erfolgreich. In seine Amtszeit fiel ein für Werden vorteilhafter Besitztausch: Herzfeld a.d. Lippe ging in den Besitz der Abtei über:

„Sub Hogero abbate Werthinensi 5. acquista est curtis Hertfelt per concambium ab Ottone duce, proavo primi Ottonis imperatoris, uti legitur in antiquissimo libro manuscripto de vita sanctae Idae viduae"[47].

---

44   H. Finger, *Benediktinisches Mönchstum* ..., a.a.O.
45   W. Stüwer, *Die Reichsabtei Werden* ..., a.a.O., S. 243.
46   Die Dauer der Amtszeit der beiden Vorgänger *Hogers* ist unsicher: *Adaldag* soll nur sehr kurz regiert haben und *Odo's* Existenz wurde angezweifelt (Stüwer, ebenda, S. 302).
47   H. Duden, in: P. Jacobs, *Werdener Annalen*, a.a.O., S. 32/33.

(Übersetzung: „Unter *Hoger,* dem fünften Abt Werdens, wurde der Hof Herzfeld durch Tausch von Herzog Otto, dem Großvater des Kaisers Otto 1. erworben, wie nachzulesen ist in einer sehr alten Handschrift über das Leben der hl. Witwe Ida")

In Werden existierte eine Bibliothek, initiiert noch durch den Gründer *Liudger* selbst, der auch die ersten Bestände beigesteuert haben soll. Und es existierte ein gutes Skriptorium, welches Abschriften von wichtigen, meist geistlichen Schriften verfertigte. Die erhaltenen Bestände, Hinweise und Verzeichnisse der Bibliothek im 9. Jahrhundert sind noch zu lückenhaft, um einen umfassenden Eindruck über das geistige Milieu der Abtei zu bekommen. Doch gibt es einige wichtige Hinweise. Durch R. Drögereits Untersuchungen über den Zusammenhang der *Heliand*-Dichtung mit Werden wurde - auch wenn die Entstehungsfrage des *Heliand* noch nicht geklärt ist - zumindest ein starkes Interesse an aktueller literarischer Kunst deutlich. Von bemerkenswertem poetischen Gespür zeugen die versifizierten Grabinschriften der *Liudgeriden;* sie scheinen das Prinzip der späteren *leoninischen Reime* vorwegzunehmen. Überhaupt scheint Sprachbeschäftigung in der Werdener Abtei des späten 9. Jahrhunderts von größerer Bedeutung gewesen zu sein. So finden sich hier einige frühe Belege zur Entstehung der westfälischen Sprache. Bemerkenswert sind schließlich auch Hinweise auf Glasmalereien an den Kirchenfenstern, Zeugnisse, die zu den frühesten ihrer Art gehören[48].

Die geistigen Aktivitäten im Werden des letzten Drittels des 9. Jahrhunderts mußten vielfältiger Art, der Ruf der Abtei und seiner Repräsentanten beträchtlich gewesen sein[49]. Daß auch gute Kontakte zu benachbarten Zentren bestanden haben müssen, ist naheliegend. Aber auch weiterreichende Kontakte gab es. Nachweisbar, wenn auch z. T. erst für das 10. Jh. belegbar bzw. möglich, sind Bruderschaften zu *Münster, Halberstadt, Helmstedt, Corvey, Mönchengladbach, Deutz, Reichenau* und zum benachbarten Damenstift in *Essen.* Für die Bedeutung Werdens nicht ganz unerheblich war außerdem seine geographische Lage: In nicht allzu weiter Entfernung lag längs des Rheins die große Heer- und Handelsstraße, die rheinaufwärts auch als Pilgerstraße benutzt wurde. Und die Pilger im 9. Jh. nutzten dies, nicht nur solche aus dem sächsisch-friesischen Raum, sondern auch angelsächsische und irische, die das Grab des berühmten Werdener Klostergründers und Heiligen sehen wollten.

---

48 W. Stüwer, *Die Reichsabtei Werden* ..., a.a.O., alles S. 332f.
49 Siehe S. 13, „a venerabili abbate Hogero", Hs. *Valenciennes* (**A**).

Es ist naheliegend, daß von den weiterreichenden Beziehungen diejenigen zu Angelsachsen und Northumbrien besonders intensiv gewesen waren. Dies hängt mit der Gründungsgeschichte Werdens zusammen. Der Klostergründer *Liudger* erfuhr seine erste Ausbildung im friesischen kirchlichen Zentrum *Utrecht*, welches selbst wiederum unter dem Einfluß des mächtigen northumbrischen Missionszentrums *York* stand. Entscheidend geprägt wurde *Liudger* in *York* selbst, wo er als Schüler Alkuins wichtige Jahre seines Lebens verbrachte. Bei der Wahl des Studienortes York dürfte für *Liudger* auch eine Rolle gespielt haben, daß dort eine einflußreiche friesische Kolonie existierte[50].

Die Verbindungen zwischen Werden und Angelsachsen, können als privilegiert angesehen werden und dürften - auch wenn nur spärlich belegbar - über den Tod *Liudgers* hinaus bestanden haben. Dies zeigt sich u.a. am Schreibstil des Werdener Skriptoriums. Während andernorts im fränkischen Raum die Karolingische Minuskel sich ziemlich rasch verbreitete, gab es in Werden noch um die Mitte des 9. Jahrhunderts angelsächsische Einflüsse[51].

Doch nicht nur mit angelsächsischen Stätten, sondern auch mit nordfranzösischen Klöstern dürfte es einen regen geistigen Austausch gegeben haben, dies vermutete schon Max Manitius[52]. Bekannt ist, daß in die Werdener Abtei auch Handschriften aus Corbie gelangten, einem Kloster, welches im Zusammenhang mit der Entwicklung paläofränkischer Neumen eine gewisse Rolle spielte[53]; ebenso naheliegend ist demnach auch der umgekehrte Weg von Handschriften aus Werden nach Corbie. Die Existenz der in St. Amand gefundenen *Musica enchiriadis*-Handschrift *Valenciennes* (Ed. Schmid: **A**) läßt auch auf eine Verbindung zwischen St. Amand und Werden schließen. Dabei soll an dieser Stelle eine merkwürdige Dreiecksbeziehung zwischen Werden, *Hucbald* von St. Amand und *Lebuin*, einem Heiligen aus Northumbrien bzw. Utrecht, nicht unerwähnt bleiben.

---

50 R. Drögereit, *Liudger und die Angelsachsen*, a.a.O., S. 33.
51 B. Bischoff, *Richard Drögereit*, Rezension, a.a.O., S. 8; ders., *Paläographische Fragen*, a.a.O., S. 127 Anm. 147; W. Stüwer, *Die Reichsabtei Werden* ..., a.a.O., S. 61ff. (Verzeichnis der Handschriften); E. Freise, *Die Werdener Schreibschule und Klosterbibliothek*, in: *Vergessene Zeiten. Mittelalter im Ruhrgebiet*, a.a.O., Bd. I, S. 38; Jan Gerchow: „Der Forschungsstand hat sich seit Richard Drögereits Publikation 'Werden und der Heliand' von 1950 erheblich verändert. Drögereit behauptete für zehn Handschriften eine angelsächsische Provenienz. Heute lassen sich 25 Handschriften nachweisen", J. Gerchow, *Liudger, Werden und die Angelsachsen*, unveröff. Manuskript, erscheint im Katalog zur Ausstellung *KlosterWelt*, a.a.O.
52 M. Manitius, *Hogers von Werden Musica Enchiriadis*, a.a.O., S. 450.
53 W. Lipphardt, Artikel *Notation. A II: Die mittelalterliche Choralnotation*, in: MGG, Bd. IX, Sp. 1614.

Der Missionar *Lebuin* (gest. um 780), der einst im Zuge der angelsächsischen Missionsbestrebungen über Northumbrien nach Utrecht gekommen war, galt für *Liudger* als Leitfigur. Eine der ersten Aufgaben *Liudgers* z.B. war es, die verschollenen Gebeine des *Lebuin* zu finden, und darüber eine Kirche zu gründen. In den Viten des *Liudger* wird in diesem Zusammenhang von einer Erscheinung des *Lebuin* bei *Liudger* gesprochen. *Lebuin* war daher auch für Werden von besonderem Gewicht; er galt, nach *Liudger*, als der zweite Werdener Heilige. Zu seinen Ehren fanden jährlich im November Heiligenfeste statt, belegt ab dem 10./11. Jh., wahrscheinlich aber schon im 9. Über *Lebuin* existieren zwei Viten. Eine ältere wurde zwischen 840 und 864 in Werden geschrieben, als Verfasser einer zweiten gilt *Hucbald* von St. Amand. Hucbalds *vita s. Lebuini* ist in drei späteren Abschriften aus dem 15. Jh. überliefert, eine davon stammt aus Werden[54]. *Hucbald* mußte von der Bedeutung *Lebuins* für Werden gewußt haben. Es ist insofern naheliegend, daß Kontakte zwischen ihm und der Werdener Abtei bestanden.

Schließlich seien noch einige Bemerkungen über die damalige Ausbildungssituation angeführt. Detaillierten Angaben lassen sich nicht machen. Doch da die Konventsmitglieder hochadeliger Provenienz waren, ist davon auszugehen, daß die Meßlatte hoch gewesen sein dürfte. Eine qualitativ mindere Ausbildung der Scholaren konnte man sich wohl kaum leisten. Ein Zeugnis für eine in Werden betriebene fundierte Ausbildung könnte vielleicht sein: Eine Schulausgabe von Werken *Vergils* (mit den *Servius*-Kommentaren), die sich in einer Werdener Handschrift vom Ende des 10. Jahrhunderts gefunden hat, eine Sammlung, in der auch zwei originale Figurengedichte des Werdener Mönchs *Uffing* festgehalten sind[55]. Auch über die Ausbildung in Musik, was gleichzusetzen ist mit der Unterweisung im musikalischen Liturgiegesang, ist nur wenig überliefert. Daß es in Werden das Amt des *scolasticus* und das des *cantors* gab, kann als gesichert gelten[56]. Lange Zeit - und vielleicht eine Besonderheit - wirkten beim Liturgiegesang in Werden auch Weltgeistliche mit, *canonici*. Über die Kanoniker in Werden ist mehrfach spekuliert worden. Sie füllten verschiedene Ämter aus, meist in der Verwaltung, und lebten zum Teil im Kloster, ihrer Stellung nach den

---

54 R. Drögereit, *Werden und der Heliand*, a.a.O., S. 62; W. Stüwer, *Die Reichsabtei Werden ...*, a.a.O., S. 76 Nr. 72 (Berlin Stift. Preuß. Kult. Bes. Hs. Theol. qu 142), S. 213 und 232/233.

55 Hs. *Budapest*, Nat.bibl., Cod. CLMAE.7; W. Stüwer, *Die Reichsabtei Werden...* a.a.O., S. 69, Nr. 41.; N. Eickermann, *Zu den Carmina figurata Uffings von Werden* (= Beiträge zur Geschichte von Stadt und Stift Essen 101), Essen 1986/87, S. 1ff.

56 Das Amt des *scolasticus* ist bereits für die Mitte des 9. Jhs. belegt, Stüwer, *Die Reichsabtei Werden ...*, a.a.O., S. 128; das des *cantors* wurde zwar erst im 13. Jh. erwähnt (ebenda, S. 130), doch wäre das Fehlen einer solchen Position in einer benediktinisch orientierten Klostergemeinschaft gänzlich unüblich.

Mönchen gleichgestellt[57]. Die Beteiligung von Kanonikern beim Liturgiegesang ist einer Stelle aus einem vom Ende des 14. Jahrhunderts stammenden, aber die traditionelle Praxis miteinschießenden Cursus zu entnehmen:

> „cantetur *Benedicamus Domino* a duobis claustralibus, si sint presentes, si non sint presentes, cantetur ab aliis"[58].
> („Das *Benedicamus Domino* soll von zwei *claustrales* gesungen werden, sollten sie zur Verfügung stehen, sind keine da, dann soll es von anderen gesungen werden")

Mit den „alii" sind nach W. Stüwer *canonici* gemeint: „Diese *alii* waren zweifellos die im Klosterdienst tätigen Weltgeistlichen, die auch häufig in den Präsenzlisten genannt werden. Von deren Anwesenheit beim kanonischen Stundengebet dürfte in Werden der Kanonikername, dessen Gebrauch vom 9. - 12. Jh. im Bereich der Kölner Diözese außerordentlich selten ist ... herzuleiten sein. Das konnte um so leichter geschehen, als ... jeder ursprünglich nach den Vorschriften der *canones* eingesetzte und lebende Kleriker als *canonicus* bezeichnet wurde"[59].

---

57 Ebenda, S. 140f.
58 Aus dem *Modus de cursibus horarum in choro monasterii Werdinensis*, Stadtarchiv Düren; nach W. Stüwer, *Die Reichsabtei Werden* ..., a.a.O., S. 36, Nr. 10 und S. 142.
59 Ebenda, S. 142.

Die *Musica enchiriadis* und Werden

Einen umfassenden Einblick in das geistige und kulturelle Milieu des karolingischen Werden allein aufgrund der Quellenlage zu bekommen, erfordert Geduld und die Fähigkeit zum puzzeln der (noch zu) wenigen vorhandenen Mosaiksteine. Im Unterschied zum spärlichen geistesgeschichtlichen Quellenbefund im allgemeinen machen sich dagegen vergleichsweise zahlreich die Hinweise aus, welche die Entstehung der *Musica enchiriadis* mit Werden in Zusammenhang bringen. Dabei war bis vor kurzem kaum abzusehen, in welcher Konzentration die einzelnen Belegfaktoren auftreten würden. Diese fügen sich jetzt, alle zusammengenommen, zu einer eindrucksvollen Beweiskette, deren einzelne Glieder im folgenden zusammenfassend dargelegt werden.

1. Bereitliegende Momente

Ende des 19. Jahrhunderts, mit der Rezeption der Handschrift *Valenciennes* (**A**) und dem dort genannten Autor der *Musica enchiriadis*, Abt *Hoger*, trat zum ersten Mal die Werdener Abtei als möglicher Entstehungsort der *Musica enchiriadis* in Erscheinung. Auch wenn diese Entstehungsthese in der Folgezeit nie ganz fallen gelassen wurde, wirkte sie doch zu brüchig vor dem Hintergrund der damaligen Kenntnisse über die Werdener Abteigeschichte. Zu naheliegend war dagegen die Vorstellung des nordfranzösischen Raums als Entstehungszone, mit seiner Dichte an Klöstern und der herausragenden Bedeutung seiner Zentren. Weniger beachtet wurde vielleicht dabei, daß das Hauptinteresse in solchen Zentren dem genuin einstimmigen liturgischen Gesang galt, selbst dann, wenn die Praxis des Organums (z.B. bei *Hucbald*) nicht unbekannt war. Denn auch im nordfranzösischen Raum - vergleichbar dem Süden - wurde besonders die Entwicklung der Neumenschrift vorangetrieben - einer Schrift, die primär zur Memorierung des einstimmigen Gesangs gedacht war, keinesfalls erfunden im Blick auf die Mehrstimmigkeit. Man denke an Metz, Tours, Laon, St. Amand, St. Riquier (Centula), Corbie, aber auch an Corvey, Essen u.a.[60].

---

60   E. Jammers, *Die paläofränkische Neumenschrift*, in: Ders., *Schrift, Ordnung, Gestalt* (= Neue Heidelberger Studien zur Musikwissenschaft Bd. I), Bern 1969, S. 35ff. W. Lipphardt, *Notation*, a.a.O., Sp. 1614ff; B. Stäblein, *Schriftbild der einstimmigen Musik* (= Musikgeschichte in Bildern, hg. v. W. Bachmann, Bd. III,4: *Musik des Mittelalters und der Renaissance*), Leipzig 1975; S. Corbin, *Die Neumen* (= Palaeographie der Musik, nach den Plänen Leo Schrades hg. im Musikwissenschaftl. Inst. der Univ. Basel v. W. Arlt, Bd. I,3), Köln 1977.

Hauptintention der *Musica enchiriadis* dagegen ist die Lehre vom zweistimmigen Singen, und hier muß sich die Frage nach einem derartigen Bedürfnis stellen. Nach allem, was man weiß, scheint solches Bedürfnis weniger im kontinentalen, als vielmehr im insularen Bereich geschlummert zu haben. Zu denken ist zunächst an überkommene, naturwüchsige Praktiken, beispielsweise das isländische Bauernorganum[61].

Zu denken ist konkreter an die Berichte des mittelalterlichen Chronisten *Giraldus Gambrensus* (1147 - 1223), nach dessen Zeugnis die Waliser und Northumbrier schon von Alters her ein einfaches improvisiertes Parallel- bzw. Bordunsingen pflegten. Solches Musizieren zählt nach H.H. Eggebrecht zu den „geschichtlich bereitliegenden Momenten", zu den wichtigsten Vorstufen des artifiziellen mehrstimmigen Singens, mithin auch zu den Vorstufen der *Musica enchiriadis*[62].

Im Blick auf die erwähnten Beziehungen zwischen Werden und Angelsachsen, besonders zu Northumbrien, erscheinen die beschriebenen musikalischen Praktiken äußerst interessant. Denn die Vorstellung ist durchaus naheliegend, daß die Praxis der insularen Parallel- und Bordungesänge in der Werdener Abtei des späten 9. Jahrhunderts nicht unbekannt war, vermittelt vielleicht durch insulare Mitbewohner. Hierdurch könnte ein entscheidender Denkanstoß erfolgt sein, besonders in einer mittleren Abtei wie Werden, die nicht unmittelbar im Zentrum stand, einer Abtei, in welcher neben Mönchen auch Weltgeistliche lebten und an der das Mönchstum auf eher ‚liberale' Weise gepflegt wurde, wo eine entsprechende geistige Entfaltung also möglich war. Umgekehrt vorstellbar wäre zwar auch, daß der Archetypus der *Musica enchiriadis* in Northumbrien (z.B. *York*) entstanden sein könnte und Werden dann, als ‚kontinentalem Brückenkopf', die nicht unwesentliche Aufgabe der Verbreitung zugefallen wäre. Doch ein Beweis hierfür läßt sich nicht finden. Auch spricht die Quellenlage insgesamt dagegen. Denn schon im letzten Drittel des 8. Jahrhunderts ging die Blütezeit Yorks infolge von Streitigkeiten zwischen rivalisierenden Gruppen zu Ende; die vikingischen Eroberungen im 9. Jahrhundert in Northumbrien taten ein Übriges und führten fast zur Auslöschung Yorks[63]. Hinzu kommt, daß ausgerechnet die Handschrift *Cambridge* aus Canterbury (**Q**), die einzige angelsächsische Quelle der *Musica enchiriadis* von Bedeutung, Abt *Hoger* als Autor nennt.

---

61 Dazu E.M. v. Hornbostel, *Phonographierte isländische Zwiegesänge*, in: Ders., *Tonart und Ethos.* Aufsätze zur Musikethnologie und Musikpsychologie, Leipzig 1986, S. 287ff; H. Helgason, *Das Bauernorganum auf Island*, in: Kgr.-Köln 1958, S. 132f.; Ders.: *Das Organum-Singen in Island*, Beiträge zur Musikwissenschaft, Bd. XIV, 1972, S. 221f.

62 H.H. Eggebrecht, *Musik im Abendland*, a.a.O., S. 18.

63 J. Gerchow, *Liudger, Werden und die Angelsachsen*, in: *KlosterWelt*, a.a.O.

2. Nochmals: Die direkten Werdener *Musica enchiriadis*-Quellen

Durch die überraschende Zuordnung der gewichtigen *Bamberger* Handschrift *Var.1*, deren Ursprung man bisher in der Laonzone vermutete, nach Werden, ist eine völlig neue Situation entstanden. Es ist hierdurch von einer gewichtigen Handschriften-Trias auszugehen, die Werden aufs engste mit der Entstehung der *Musica enchiriadis* verknüpft und die hier nochmals in Erinnerung gebracht wird:

1. Die verschollene Vorlage zur ursprünglich wohl (bis auf die Auslassung) kompletten Handschrift des späteren *Düsseldorfer Fragments K3:H3*, die sich in Werden befunden haben mußte und die sehr wahrscheinlich die Urschrift ist;

2. Das *Düsseldorfer Fragment K3:H3*, welches als älteste erhaltene Handschrift des Traktats kurz vor 900 in Werden von einem oder mehreren kompetenten Schreibern angefertigt wurde, und eine ursprünglich wohl komplette Abschrift von 1. ist, mit der Besonderheit der Auslassung eines größeren Textzusammenhangs. Die Handschrift verdankt ihre Entstehung in erster Linie wohl einem aktuellen pädagogischen Bedürfnis. Geschrieben für den reinen ‚Haus'-Gebrauch läßt sie einen starken Praxisbezug erkennen. Sie kann wegen der Auslassung und der kleinen Flüchtigkeiten nicht die Urschrift sein, doch muß sie wegen der Originalität vieler Details in der Nähe des Autors - vermutlich sogar mit dessen Beteiligung - entstanden sein;

3. Die *Bamberger* Handschrift *Var.1*, die ebenfalls in Werden geschrieben wurde, um 1000. Sie ist eine Abschrift der früher vollständigen Handschrift *K3:H3* (oder einer Kopie davon) und verweist somit indirekt auf 1., die Vorlage zum *Düsseldorfer Fragment*, die vermutliche Urschrift. Der Schreiber der *Bamberger* Handschrift *Var.1* hatte keine hohe Sachkompetenz. Er bemerkte z.B. nicht den inhaltlichen Bruch bei der Auslassungsstelle, sondern schrieb, wie im *Düsseldorfer Fragment*, in der Zeile einfach weiter, in gleichbleibender Schrift. Auch übersah er offenbar die anderen (wenigen) Fehler seiner Vorlage, oder konnte z.B. wenig anfangen mit den (verwirrenden) Tonabstandsverdeutlichungen der *descriptiones* im Zusammenhang mit dem *absonia*-Dialog. Doch gerade als ‚Nichtexperte' dürfte er vergleichbar gewissenhaft das Übrige abgeschrieben haben: die fehlenden Teile des *Düsseldorfer Fragments*, so wie sie ihm eben vorlagen[64].

---

64 Siehe S. 71/72 und S. 14, Anm. 16. Siehe auch die Zuordungsprobleme des Schreibers von *vox principalis* und *vox organalis* in der zweistimmigen „scande celi ...“- *descriptio*, S. 93.

3. Die erweiterten Werdener *Musica enchiriadis*-Quellen

Die *Bamberger* Handschrift *Var.1* ist eine Sammelhandschrift. Sie beinhaltet nicht nur die beiden Traktate *Musica* und *Scolica enchiriadis* (die zusammen die *Musica enchiriadis* im allgemeinen Verständnis ausmachen), sondern auch solche Schriften, die mit der *Musica enchiriadis* direkt zusammenhängen, sie entweder komplettieren, weiterentwickeln, korrigieren oder kommentieren: *Bamberger Dialoge I und II über das Organum*, einstimmige *Rex caeli-Sequenz, De cantu, Commemoratio brevis*. Drei von diesen Schriften sind nur in *Var.1* gefunden worden, könnten also ausschließlich für die Werdener Bedürfnisse bestimmt gewesen sein: *Bamberger Dialog I und II über das Organum, Rex caeli-Sequenz, De cantu*.

Ernst Ludwig Waeltner glaubt, in den *Bamberger Dialogen über das Organum* eine Art Weiterentwicklung, sogar Korrektur des Dasia-Systems herauslesen zu können: Seiner Meinung nach wird die Grenztonregelung von zwei Grenztönen (*c* und *g* als ‚Tritonuswächter') auf drei (*c, g* und *f*) erweitert[65]. H. Schmid dagegen interpretiert die *Bamberger Dialoge* als mögliche Vorversion der *Scolica enchiriadis*[66]. Wie auch immer: Beide Ansichten treffen sich darin, daß in den *Bamberger Dialogen* am System der *Musica enchiriadis* gefeilt wurde. Berücksichtigt man, daß zwischen dem *Düsseldorfer Fragment K3:H3* und der *Bamberger* Handschrift *Var.1* ca. 100 Jahre liegen, eventuelle Zwischenstufen also denkbar sind[67], so kann man ohne weiteres im Werden des ausgehenden 9. und des 10. Jahrhunderts eine lebendige Auseinandersetzung mit dem Dasia-System voraussetzen. Um 1000 allerdings, zum Zeitpunkt der Entstehung der *Bamberger* Handschrift *Var.1*, scheint die Kenntnis des Dasia-Tonsystems in Werden zu schwinden, wie der Schreiber von *Var.1* vermuten läßt.

Dazu passen zwei Bemerkungen in *Var. 1*, die allerdings wahrscheinlich später, im 11. Jh., hinzugefügt wurden: „musicam nescio sed ortum colere scio" (fol. 1r, = am Anfang der *scolica enchiriadis*), und: „hac in mensura sudat faedissima cura" (fol. 35r, = gegen Ende der *scolica enchiriadis*, im Zusammenhang mit einer *descriptio*); siehe H. Hoffmann, *Bamberger Handschriften* ..., a.a.O., S. 166; Ed. Schmid, S. 60 und 147. Nach mündlicher Auskunft von H. Hoffmann gibt es zwischen *Var. 1* und dem um 1000 entstandenen *zweiten Werdener Urbar* (siehe R. Kötzschke, *Die Urbare der Abtei Werden a. d. Ruhr*, a.a.O.) unverwechselbare Schriftübereinstimmungen, was weiterhin darauf hindeutet, daß *Var. 1* von einem zwar routinierten, aber nicht unbedingt musikerfahrenen Schreiber verfertigt wurde.

65   E. L. Waeltner, *Bamberger Dialog...*, a.a.O., S. 175ff.

66   H. Schmid, *Zur sogenannten Pariser Bearbeitung der Musica Enchiriadis*, in: *Tradition und Wertung* (= Fs. F. Brunhölzl z. 65. Geb.), Sigmaringen 1989, S. 217.

67   Die von N. Phillips beobachteten geringen Textvarianten zwischen *K3: H3* und *Var.1* lassen durchaus eine Zwischenstufe als möglich erscheinen. N. Phillips, *Musica and Scolica*

4. Vorbereitende Schriften zur *Musica enchiriadis*

An Schriften, die als geistige Wegbereiter der *Musica enchiriadis* anzusehen sind, werden in der neueren Forschung übereinstimmend in erster Linie genannt: Censorinus, *De die natali* (238n.C.); Calcidius, Übersetzung des *Timaeus* von Plato (4. Jh.); Augustinus, *De musica* und *De ordine* (387-89); Fulgentius, *Mitilogiae* (5./6. Jh.); Boethius, *De institutione musica*, auch *De institutione arithmetica* und *De consolatione philosophiae* (um 500); Cassiodor, *Institutiones* (550-60); Isidor, *Ethymologiae* (vor 630)[68].

Von diesen Schriften trat in den Werdener Bibliotheksverzeichnissen bisher kaum etwas in Erscheinung, auch wenn es schon immer einige wenige Hinweise gab: Sie verschwanden in der erdrückenden Überzahl rein theologischer Schriften. Doch auch hier läßt sich Bemerkenswertes feststellen, besonders angesichts einer inzwischen wesentlich verbesserten Quellenlage. In W. Stüwers Bibliotheksverzeichnis und in jüngeren Zusammenstellungen finden sich Hinweise auf Handschriften, Fragmente und Textauszüge von Boethius (*De consolatione philosophiae* u.a.), Isidor (*Etymologiae, Viri illustres, De ortu et obitu patrum, Allegoriae* u.a.) und Augustinus (*Tractatus de evangelio Johannis* u.a.); nicht unwesentlich dürfte auch das relativ häufige Vorkommen von Handschriften Gregors d. Gr. sein. Alle diese Handschriften stammen aus dem 8. und frühen 9. Jahrhundert, sind weitgehend noch der angelsächsischen Schrifttradition verpflichtet und kommen zum Teil auch aus Angelsachsen selbst bzw. aus Northumbrien[69]. Auch eine *Cassiodor*-Handschrift konnte inzwischen in Werden nachgewiesen werden: zwar nicht die *Institutiones*, doch immerhin ein Fragment der *Expositio psalmorum* (*Expositio psalterium*) aus der ersten Hälfte des 8. Jahrhunderts; die Handschrift ist in Northumbrien entstanden, wurde von Alkuin höchstwahrscheinlich selbst benutzt und von (seinem Schüler) Liudger in die Werdener Bibliothek überführt[70]. Von Bedeutung könnte weiterhin das Vor-

---

enchiriadis, a.a.O., S. 90ff. Interessant könnte das Handschriftenfragment *München*, Bayer. Staatsbibl. Clm. 29770 (Ed. Schmid = St) sein, das nach N. Phillips (ebenda, S. 92f.) mit *Var. 1* in enger Beziehung zu stehen scheint, jedoch vermutlich vor ihr geschrieben ist. Das Material ist leider sehr bruchstückhaft.

68   M. Bernhard, *Überlieferung und Fortleben der antiken lateinischen Musiktheorie im Mittelalter*, in: *Geschichte der Musiktheorie*, Bd. III, hg. v. Fr. Zaminer, Darmstadt 1990, S. 10 ff.; N. Phillips, *Musica and Scolica enchiriadis*, a.a.O., S. 275 ff.; R. Erickson, *Musica enchiriadis*..., a.a.O., xx.

69   W. Stüwer, *Die Reichsabtei Werden* ..., a.a.O., S. 62 ff. Nr. 4, 5, 8, 10, 13, 14, 21, 23, 24, 25, 30, 36; J. Gerchow, *Liudger, Werden und die Angelsachsen*, in: *KlosterWelt*, a.a.O., Handschriften-Tabelle Nr. 6, 7, 15, 22.

70   UB Düsseldorf, *K16:Z3/1* (CLA 1786). Dazu J. Gerchow, *Liudger, Werden und die Angelsachsen*, in: *KlosterWelt*, a.a.O., Handschriften-Tabelle Nr. 3: *Cassiodorus, Expositio psalmorum, abbrev. (Fragment)*, Erörterung der Tabelle.

kommen einer frühen *Censorinus*-Abschrift in Köln sein, der frühsten mittelalterlichen überhaupt, welche laut E. A. Lowe im 8. Jahrhundert in einem kontinentalen Zentrum und unter insularem Einfluß geschrieben worden sei (Werden?)[71]. Daß auch *Regino von Prüm* in Werden kein Unbekannter war, beweist eine dort gefundene Handschrift der *De disciplinis ecclesiasticis* aus dem 10. Jahrhundert[72]. Erwähnenswert ist sicherlich auch die Existenz zweier Handschriften von *Beda* im 10. Jahrhundert (*Expositio in apocalypsim*, *De ratione temporum*)[73].

Durch die Zuordnung der *Bamberger* Handschrift *Var.1* nach Werden ändert sich der Aspekt der vorbereitenden Schriften der *Musica enchiriadis* erheblich. Sie beinhaltet nämlich auch ausgesprochen auf Musik bezogene Auszüge von Boethius' *De institutione musica* und Isidorus de Sevilla's *Ethymologiae*[74].

Über das Gewicht von Boethius - dem Überbringer des griechisch-klassischen Musikdenkens - im Blick auf die *Musica enchiriadis* läßt sich nicht streiten. Es ist belegt allein schon durch die Übernahme einer ganzen Textpartie aus *De institutione musica* in dem *Musica enchiriadis*-Traktat, und wurde darüber hinaus in der Forschung ausführlich diskutiert[75].

Auch die Beeinflussung des Traktats durch Isidor von Sevilla ist nicht marginal. Sie zeigt sich unter anderem in den *accentus*-Zeichen der überlieferten Grammatiklehre, welche dem Autor der *Musica enchiriadis* höchstwahrscheinlich über die *Ethymologiae* vermittelt wurden. Das Dasiazeichen ⊦ und die der Antiphon *Ego sum via   Veritas et vita   Alleluia   alleluia* hinzugefügten Zeichen ∪ und ⁻, die oft zitierten Zeichen für das Beachten der Kürzen und Längen beim Singen der Melodie, die Zeichen des „numerose canere" (siehe *fol.* 4r, Zeile 11)[76], werden in den *Ethymologiae* zusammen mit anderen erklärt:

---

71   M. Bernhard, *Überlieferung und Fortleben* ..., a.a.O., S. 11f.; N. Phillips, *Musica and Scolica enchiriadis*, a.a.O., S. 276f. Zur Bedeutung des Censorinus für die *Musica enchiriadis*: Siehe auch Chr. v. Blumröder, Artikel *Modulatio/Modulation*, in: HmT.

72   W. Stüwer, *Die Reichsabtei Werden* ..., a.a.O., S. 69, Nr. 38; vgl. die Hinweise von E. Freise auf eine gesicherte Regino von Prüm-Abschrift in Werden, in: *Vergessene Zeiten. Mittelalter im Ruhrgebiet*, a.a.O., Bd. I, S. 38.

73   Ders., S. 67, Nr. 31 und 68, Nr. 35. Bedas Ausführungen über die antike Metrik erscheinen im Blick auf das „numerose canere" nicht unwesentlich. Siehe dazu E. Jammers, *Gregorianische Studien*, a.a.O., S. 25ff.

74   Es sind ausgesprochen musikbezogene Stellen, siehe RISM BIII 3, S. 16/17.

75   Ed. Schmid, S. 43ff. Zu Boethius-Spuren in der *Musica enchiriadis* siehe M. Bernhard, *Überlieferung und Fortleben* ..., a.a.O., S. 24ff.; N. Phillips, *Musica and Scolica enchiriadis*, a.a.O., S. 240ff.

76   Vgl. die ausführlichen Erörterungen des „numerose canere" bei N. Phillips, *Musica and Scolica enchiriadis*, a.a.O., S. 332ff.; W. Frobenius, Artikel *Longa - brevis*, in: HmT; siehe auch Anm. 73 und S. 67, Anm. 5.

1	′	ὀξεῖα	*acutus*	(hoch)
2	`	βαρεῖα	*gravis*	(tief)
3	∩	περισπωμένη	*circumflexus*	(hoch-tief)
4	–	μακρός	*longa*	(lange Silbe)
5	ᴗ	βραχύς	*brevis*	(kurze Silbe)
6	ᴗ	ὑφέν	*coniunctio*	(Verbindung zweier Wörter)
7	,	διαστολή	*distinctio*	(Trennung zweier Wörter, heutiges Kommazeichen)
8	,	[ἀπόστροφος]	*apostrophus*	(Apostroph)
9	Ⱶ	δασεῖα	*aspiratio*	(h im Anlaut)
10	ⱶ	ψιλή	*siccitas sive purum*	(ohne h im Anlaut)

---

77 Tabelle von Isidor, *Ethymologiae*. Zitiert nach *Brockhaus Rieman Musiklexikon*, hg. v. C. Dahlhaus und H.H. Eggebrecht, Bd. I, Wiesbaden/Mainz 1978, S. 23. M. Huglo machte auf einen interessanten Punkt bei Isidor aufmerksam: Das im System der *Musica enchiriadis* angelegte Prinzip der disjunkten Tetrachorde, welches dem *Systema teleion* des Boethius widerspricht (siehe S. 20) und eigentlich als ‚Erfindung' des Autors der *Musica enchiriadis* gilt, ist in einigen Abschriften südlicher Provenienz der *Ethymologiae* aus dem 8. und 9. Jahrhundert vorgezeichnet. Es handelt sich um diverse Diagramme, die von späteren (anonymen) Händen hinzugefügt wurden. In einem der Diagramme findet sich eine Reihe von Basistönen, in der Abfolge *tonus - semitonium - tonus - tonus - semitonium - tonus*. Sie entspricht den Tetrachorden der *finales* und *superiores*. Ob der Autor der *Musica enchiriadis* eine soche Isidor-Abschrift zu Gesicht bekommen hat, ist ungewiß; M. Huglo, *Les Diagrammes d'harmoniques interpolés dans les manuscrits hispaniques de la Musica d'Isidori*, Scriptorium XLVIII, 1994, S. 176.

5. Dasia-Praxis und Neumen im Werdener Raum

Mit den im *Düsseldorfer Fragment* gemachten Beobachtungen und der in der *Bamberger* Handschrift *Var.1* vorhandenen Konzentration von pädagogischen Schriften, die alle das Dasiasystem zum Gegenstand haben, zeichnete sich umrißhaft ab, von welchem Gewicht musikpraktische Betätigung im frühmittelalterlichen Werden gewesen sein mußte.

Auf einen praxisnahen Umgang mit dem Dasia-System läßt sich noch in anderer Hinsicht schließen, auf dem Umweg über das mit Werden benachbarte und in freundschaftlicher Beziehung zu diesem stehende Essener Damenstift. Wieder war es M. Huglo, der in einer minuziösen Studie über die Handschrift *London*, British Library, Harleian 3095, die eine Abschrift der *De Consolatione philosophiae* von *Boethius* beinhaltet, auf verdeckte Spuren einer Musikpraxis im Essener Stift hingewiesen hat[78]: Es gibt in der Handschrift neumierte Gesänge mit Mönchengladbacher und Essener Merkmalen; es gibt weiterhin Textspuren der *Scolica enchiriadis*; und es gibt ein mit Dasiazeichen versehenes Melodiefragment über eine bekannte Verszeile aus dem 3. Buch der *Consolatio philosophiae*, nach Huglo einer der frühesten Belege für den Gebrauch der Tonzeichen überhaupt („... qui est sans doute un des plus anciens témoins de l'existence des signes dasians")[79]:

Die Dasiazeichenfolge, ergänzt um das Anfangszeichen 〈, erweist sich als äußerst vielsagend. Denn sie entspricht nicht nur dem Beginn der erwähnten Verszeile aus der einstimmigen *Rex caeli*-Sequenz in *Var.1*: „Te humiles famuli..." bzw. „sonoris fidibus ...", sondern auch den entsprechenden ein- und zweistimmigen Beispielen aus dem *Musica enchiriadis*-Traktat und dem *Bamberger Dialog über das Organum*[80]. Und sie ist infolgedessen in ihrem Anfang identisch mit dem ‚entschlüsselten Dasia-Rätselmelodiesegment' bzw. der ‚Prüfungsaufgabe' am Ende des *Düsseldorfer Fragments*[81]. Letztlich also handelt es sich wieder um das bekannte Schulbeispiel der *Musica enchiriadis*.

---

78 M. Huglo, *Remarques sur un manuscrit ...*, a.a.O., S. 288ff.; Zur Datierung der Hs. *British Library, Harleian 3095* siehe: Fabio Troncarelli, *I codici delle Opere Teologiche di Boezio tra IX e XII secolo*, Scriptorium XLII, 1988, S. 16 Nr.13.
79 M. Huglo, *Remarques sur un manuscrit ...*, a.a.O., S. 290.
80 Siehe S. 91-93
81 Siehe S. 90

Für M. Huglo besteht kaum ein Zweifel darüber: Der Gesamtkontext der Musikhinweise in Hs. *London, British Library, Harleian 3095*, die elegante Art der Zeichensetzung („finement tracées", „dessinée d'une main élégante"), auch die Glossen in Altdeutsch bedeuten, daß die Handschrift sich im Essener Damenstift befand („ ... proviendrait du monastère de moniales d'Essen")[82] und dort auch verwendet wurde.

Für das Essener Stift, gegründet um 852, ist zwar der Gebrauch von Neumen im 9./10. Jh. belegt, die Verwendung der Dasiazeichen allerdings ist neu, wenn auch keineswegs überraschend. Denn es ist leicht vorstellbar, woher die Anregung kam. Vielleicht befand sich die *Boethius*-Handschrift zuvor in Werden (man denke an die Mönchengladbacher Merkmale und an die Bruderschaft zwischen Werden und Mönchengladbach) und wurde dem Essener Stift geschenkt[83]. Der Beweis für eine Auseinandersetzung mit dem Dasiasystem im 9. und 10. Jahrhundert nicht nur in Werden, sondern auch im benachbarten Raum wäre erbracht.

Exkurs: *Essener Neumen*

Die *Essener Neumen* in Handschriften des 9. und 10 Jahrhunderts können als bisher einziger bekannter Hinweis musikalischer Praxis für diesen Zeitpunkt im Werdener Raum gelten. Jaques Handschin und besonders Ewald Jammers haben sich eingehend mit den *Essener Neumen* beschäftigt. Sie bilden eine eigene Entwicklungsphase innerhalb der Neumengeschichte: die *paläofränkische Schrift*, mit den Verbreitungsstätten St. Riquier, Corbie, Reims, St. Amand, Réome', Essen[84]. Die betreffenden Essener Quellen sind die Handschriften *D1, D2* und *D3* der *Universitäts- und Landesbibliothek* Düsseldorf, die in ihren frühsten Teilen bis ins 9. Jahrhundert zurückreichen. Sie entstanden alle nicht in Essen. Die Essener Stiftsdamen waren keine Nonnen, sondern privilegierte Bewohnerinnen, von vergleichbarem Stand wie die adeligen Bewohner Werdens. Sie hatten es nicht nötig, Schriften selbst anzufertigen. Jammers zeigte mehrere mögliche Wege der für das Essener Stift nachgewiesenen Handschriften mit neumierten Gesängen auf. Sie führen nach Reims, Corbie oder St. Riquier zurück, gewöhnlich über Corvey oder Hildesheim als Bindeglieder[85]. Die Hand-

---

82   M. Huglo, *Remarques sur un manuscrit ...*, a.a.O., S. 294.
83   Zum Tausch einer Hs. zwischen Werden und Essen mit Hinweisen auf mehrere Boethius-Schriften siehe W. Stüwer, *Die Reichsabtei Werden ...*, a.a.O., S. 65, Nr. 21.
84   E. Jammers, *Die Essener Neumenhandschriften der Landes- und Stadt-Bibliothek Düsseldorf*, Ratingen 1952.; ders., *Die paläofänkische Neumenschrift*, a.a.O., S. 35ff.
85   Ders., *Die Essener Neumenhandschriften...*, a.a.O., S 36f.

schriften wurden in Essen nur ergänzt, mit Kalendarien, Namenslisten, Glossen und sonstigen späteren Einträgen. Die Neumen allerdings sind in Essen hinzugefügt worden, nicht in Corvey oder Nordfrankreich[86].

Gegenstand dieser Studie kann nicht sein, der Frage der sog. *Essener Neumen* vertiefend nachzugehen. Doch hingewiesen werden muß auf ein bisher kaum beachtetes Phänomen. R. Drögereit hat auf Neumenspuren auch in der Werdener Abtei aufmerksam gemacht. Sie finden sich vereinzelt in der Handschrift *Gregorius Magnus, Homiliae Ezechielem* (Berlin Stift. Preuß. Kult. Bes. Hs. Theol. fol. 356) und in den Liudger zugeschriebenen (,Liudger-Autograph') *Epistolae St. Pauli* (Berlin Stift. Preuß. Kult. Bes. Hs. Theol. fol. 366)[87]. Beide Handschriften stammen aus dem frühen 9. Jahrhundert, befanden sich in Werden und sind dort vermutlich geschrieben worden. Die Neumen sind nach Drögereit um 900 hinzugefügt worden[88]. Im abgebildeten Faksimile der Paulus-Briefe beschränken sie sich auf wenige, dem Lektor als Gedächtnisstütze ausreichende grammatische Interpunktionszeichen[89]. Die komplexeren Zeichen im Faksimile von Gregors *Homilien*-Handschrift bei Drögereit (Tafel 2) sind dagegen eindeutig musikalische Neumen. Sie gleichen - bei aller Vorsicht - den bekannten Essener Neumen.

Ein allgemeiner Wissensaustausch zwischen Werden und Essen ist anhand der Handschriftengeschichte nachweisbar. Mit Blick auf die Essener Neumen- und die Werdener Dasiapraxis spricht darüber hinaus alles für einen gegenseitigen Austausch auch in musikalischen Belangen.

Das Bemerkenswerte im Blick auf die Musikpraxis im Werdener Raum ist die Parallelität zweier musikalischer Systeme mit unterschiedlichen Zielrichtungen und offensichtlich verteilten Rollen bei der Schwerpunktbildung. Die Ausprägung des Dasiasystems in Werden geschieht vorrangig, jedoch in Kenntnis der Methoden zur Aufzeichnung des einstimmigen Gesangs durch Neumen; im Essener Stift könnte es genau umgekehrt gewesen sein. Dem Grunde nach ist die Situation im Werdener Raum generell vergleichbar der Situation in großen Zentren - und damit Ausdruck eines vergleichbar forschend-innovativen Geistes: Die Kunst des Organums wurde in der Regel dort gelehrt, wo auch die Neumenschrift zu Hause war.

---

86   Ebenda, S. 37.
87   R. Drögereit, *Zur Einheit des Werden-Essener Kulturraumes in karolingischer und ottonischer Zeit*, in: *Karolingische und Ottonische Kunst. Werden, Wesen, Wirkung* (= Forschungen zur Kunstgeschichte und christlichen Archäologie III), Wiesbaden 1957, S. 79f.; ders., *Werden und der Heliand*, a.a.O., Tafel 2 (= Faksimile mit Neumen aus *Gregorius Magnus, Homiliae Ezechielem*).
88   R. Drögereit, *Zur Einheit des Werden-Essener Kulturraumes ...*, a.a.O., S. 79.
89   E. Jammers, *Tafeln zur Neumenschrift*, a.a.O., S. 23, 66 und 67, Tafel 3, = Faksimile mit Neumen aus den *Epistolae St. Pauli*.

6. Pädagogische Zielgruppe

Daß die *Musica enchiriadis* keine theoretische Abhandlung über das Komponieren, sondern eine praxisnahe Anleitung zum chorischen Singen ist, darüber herrscht weitgehend Übereinstimmung. Über das Alter der Zielgruppe allerdings läßt sich spekulieren. So scheint der *Musica enchiriadis*-Traktat-Teil aufgrund seiner Systematik und Gestrafftheit die etwas anspruchsvollere musiktheoretische Gesamtschau zu bieten: das „Lehrbuchwissen für den Lehrer"[90]. Sollte er als Unterrichtsbuch verwendet worden sein, so eher als Vorlesebuch für ältere Schüler.

Dem *Scolica enchiriadis*-Teil dagegen könnte eine andere Funktion zukommen. Er scheint im didaktischen Aufbau, in den visuellen Hilfen in Form der *descriptiones* - zum Beispiel der anschaulichen Dreiecksdiagramme innerhalb des *absonia*-Dialogs - sich mehr an jüngere Schüler zu richten. So könnte es sich, mit Hilfe eines kompetenten Pädagogen, der zum Beispiel in der Lage ist, die Unstimmigkeiten bei der Einführung der Tonzeichen zu glätten, um ein *curriculum* für die *pueri* handeln, die ca. 7-13jährigen Schüler[91].

Für die Altersgruppe der *pueri* spricht zum Beispiel die Art der Fragestellung des Lehrers beim *absonia*-Dialog. Die Fragen sind hier so gestellt, daß für den Schüler eigentlich nur die Antwort ‚richtig' oder ‚falsch' möglich ist. Die Chance zur Problematisierung von Phänomenen ergibt sich nicht[92]. Weiterhin könnte der Vergleich der Ton/Farbenanalogiezitate angeführt werden. Das *Scolica enchiriadis*-Zitat[93] begnügt sich mit der Gleichsetzung von Einzelton und Einzelfarbe, setzt also auf elementarer Ebene an. Die *Musica enchiriadis* dagegen ver-

---

90 Michael Walter: „die eigentliche *Musica enchiriadis* stellt das umfangreiche ‚Lehrbuchwissen für den Lehrer' dar, die *Scolien* sind eine didaktische Handreichung" des (identischen) Lehrstoffs; M. Walter, *Vom Beginn der Musiktheorie und dem Ende der Musik. Über die Aktualität des Mittelalters in der Musikgeschichte*, = vorläufiger Titel eines unveröff. Manuskripts, erscheint in AMl und gekürzt im Katalog zur Ausstellung *KlosterWelt* (a.a.O.), Ms. S. 3.

91 Dazu Max Haas, *Die Musica enchiriadis und ihr Umfeld: Elementare Musiklehre und Propädeutik zur Philosophie*, in: *Musik und die Geschichte der Philosophie im Mittelalter. Fragen zur Wechselwirkung von 'musica' und 'philosophia' im Mittelalter*, hg. v. F. Hentschel (im Druck); M. Walter, *Vom Beginn der Musiktheorie ...*, a.a.O., Ms. S. 3.

92 M. Walter argumentiert im Zusammenhang mit den *absonia*-Beispielen (siehe fol. 1v-2v), daß gerade durch die Visualisierung der Tonfolgen eine mögliche Diskussion über ‚richtig' oder ‚falsch' ausgeschlossen erscheint. So erweist sich der Melodieausschnitt *c - d - es - f* im erläuterten Anfangsbeispiel (siehe S. 21) nur in der Veranschaulichung als fehlerhaft, die Folge selbst entspricht der geforderten Tetrachordstruktur T - S - T, sie ist lediglich eine Transposition des Grundtetrachords. Man hätte hier von Seiten des Lehrers eigentlich über solche systemimmanenten Transpositionen sprechen können, was didaktisch allerdings nicht geschickt gewesen wäre (vgl. M. Walter, *Vom Beginn der Musiktheorie ...*, a.a.O., Ausführungen zu fol. 1v).

93 Vgl. S. 68.

zichtet auf diesen Schritt; die beiden Zitate[94] parallelisieren *modi* und Farben,
was ein gefestigtes Verständnis der Bedeutung der Einzeltöne und ihres
Zusammenhangs mit den *modi* voraussetzt.

Schließlich sei eine Stelle angeführt, deren Interpretation nicht ganz eindeutig
ist. Der Lehrer, durch die Frage des Schülers, ob das Anbringen von Halbtönen
falsch sei, gefordert, antwortet ausschweifend:

> „Vitia nimirum sunt, sed sicut barbarismi et soloecismi metris
> plerumque figuraliter intermiscentur, ita limmata interdum de
> industria cantibus inseruntur" [95].
> (Übersetzung: „Freilich sind es Fehler; aber so wie den Metren
> Barbarismen und Soloecismen meistens figürlich beigemischt wer-
> den, so werden auch Halbtöne zuweilen mit Fleiß den Gesängen
> beigefügt")

Sind die ‚mit Fleiß' betriebenen Hälbtöne nun Fehler (und der Autor hätte sich
als reformfeindlich und fundamentalistisch ‚geoutet'), oder sind sie erlaubt, weil
einem Usus entsprechend? Der Schüler muß an Fehler glauben. Doch dürfte es
sich bei dieser toposhaften Bemerkung um eine pädagogische Maßnahme handeln:
die „limmata", die Halbtöne als ‚Figürliches' in der Musik, werden nicht geleug-
net, jedoch auch nicht weiter vertieft. Sie sind in einem elementaren Cursus nicht
Gegenstand der Lehre, besonders wenn die Zielgruppe die der *pueri* ist[96].

---

94 Vgl. S. 69/70.
95 Fol. 2r, vorletzte Zeile bis 2v, 1. Zeile; Ed. Schmid, S. 70, Z. 132-135.
96 Der auf Aristoteles zurückgehende Terminus *soloecismus* wurde von Qintilian um das
    Begriffspaar *soloecismus - barbarismus* erweitert, welches über Galen und Augustinus ins
    Mittelalter vermittelt und rasch zum Topos wurde. Die Bedeutungen sind wechselnd.
    Augustinus sieht im poetischen Gebrauch von Soloezismen durchaus ein belebendes
    sprachliches Element, siehe dazu: E. Büchsel, Artikel *Solözismus*, in: *Historisches
    Wörterbuch der Philosophie*, hg. v. J. Ritter und K. Gründer, völlig neu bearb. Ausg. des
    ‚Wörterbuchs der philosophischen Begriffe' von R. Eisler, IX, Darmstadt 1995, Sp. 1058f.
    Eine die Stelle in der *Scolica enchiriadis* entfernt assoziierende Passage findet sich
    eventuell in den Episteln Gregors d. Gr., wo das Begriffspaar *metacismus* (= *mytacismus*) -
    barbarismus auftaucht. Analog zu Augustinus werden hier die Metazismen/Barbarismen
    nicht pejorativ, sondern positiv beurteilt, und darüber hinaus (und dies im Unterschied zu
    den *Barbarismen/Soloecismen* in der *Scolica enchiriadis*) emphatisch begrüßt, als Ausdruck
    einer neuen „christlichen Antigrammatik" (D. Illmer, s.u.) gegenüber den als verkrustet
    empfundenen überkommenen Grammatiklehren: „*Nam sicut huiusquoque epistolae tenor
    enuntiat, non metacismi collisionem fugio, non barbarismi confusionem devito, situs
    modosque et praepositionum casus servare contemno, quia indignum vehementer existimo,
    ut verba caelestis oraculi restringam sub regulis Donati.*" (Ep. V, 53, zit. nach D. Illmer,
    Erziehung und Wissensvermittlung im frühen Mittelalter, a.a.O., S. 80. Übersetzung:

Die Deutung des zweigeteilten Traktats in ,Lehrstoffband' für Lehrer und ältere Schüler, und elementarer Cursus für jüngere Schüler könnte der Ausbildungssituation innerhalb einer Klostergemeinschaft wie Werden durchaus entsprechen.

Neben den *pueri* oder - wie es in Werden hieß - „pueri claustrales"[97] - und den *iuvenes*, den 14-21jährigen, gab es in Werden nicht selten auch „monachi conversi", Männer, die in späteren Lebensjahren - nach Überlassung ihres Eigentums zugunsten des Klosters - als Mönche beitraten[98]. Für den Klosteralltag hätte dies eigentlich zu erheblichen Abstimmungsproblemen im liturgischen Gesang führen müssen, sollte die musikalische Unterweisung nicht in gleicher Intensität die unterschiedlichen Altersgruppen erfaßt haben.

Detlef Illmer stellt zur frühmittelalterlichen Erziehung der Klosterschulen fest: „Studienprogramme und ein von einem höheren Unterricht unterscheidbarer Elementarunterricht ließen sich nirgends feststellen"[99]. Die *Musica enchiriadis*-Traktatgruppe in ihrer Gesamtheit, besonders die Unterscheidung in didaktisch aufbereitenden Elementarteil (*Scolica enchiriadis*, aber auch die *Bamberger Dialoge*) und theoretische Gesamtschau (*Musica enchiriadis*), könnte Illmers Befund modifizieren. Sie entspricht überdies einer pädagogischen Konstellation in Werden, die eine Konzentration von elementaren musikpädagogischen Schriften unterschiedlichen Verstehensniveaus erklärbar macht[100].

„Denn wie auch der Tenor dieses Briefes bekundet, meide ich nicht die Kollision des Metacysmus noch die Verwirrung des Barbarismus, und verachte es, die Stellung und *modi* und die *casus* der Praepositionen zu wahren, weil ich es als höchst unwürdig betrachte, die Worte des himmlischen Orakels unter die Regeln Donats zu zwingen"). Daß Augustinus und Gregor d. Gr. in Werden gewichtig vertreten waren, zeigt der Bibliotheksbefund für das 9. Jh. (siehe S. 105, Anm. 69).

97 W. Stüwer *Die Reichsabtei Werden* ..., a.a.O., S. 121 und 227f. Die „pueri claustrales", bereits in frühster Jugend per *oblatio* aufgenommene Mönche, sind für Werden mehrfach belegt (ebenda).

98 Ebenda, S. 121.

99 D. Illmer, *Erziehung und Wissensvermittlung im frühen Mittelalter*, a.a.O., S. 179.

100 Der These von Chr. Kaden ist kaum zu folgen: Er sieht in der *Musica enchiriadis* grundsätzlich ein Propädeutikum, und spricht ihr auch generell die Möglichkeit einer Problematisierung ab; sie sei „das Gegenbild zu allem kompositorischen Experiment", ein Preis, den es der „vollständigen Lehre" wegen zu entrichten galt, aber mit dem Gewinn der „Utopie einer Musik nicht von großer Wandlungskraft, sondern von zeitenthobener, erdenthobener Stabilität" (Chr. Kaden, *Tonsystem und Mehrstimmigkeitslehre* ..., a.a.O., S. 86,87). Eine solche Interpretation ist dann verfehlt, wenn sie nicht die provokative Herausforderung dieser historischen Setzung bedenkt. An ihr hat sich schon *Guido* abgearbeitet, wie noch jedes System, je hermetischer es sich gab, umso mehr die ,Unstimmigkeiten', oder besser: das Unausgesprochene, hervorkehrte, was den potentiellen Gehalt und die Innovationskraft solcher ,Setzungen' ausmacht. Selbst wenn es richtig wäre, daß der Autor das Experimentelle in der *Musica enchiriadis* ausgespart wissen wollte (wie sollte es auch zur Sprache kommen, wenn alles stimmig und gottgegeben zu sein hat?): Das „kompositorische Experiment" ist die Schrift selbst.

7. Namen

Von allen Handschriften der *Musica enchiriadis*, die überhaupt einen Verfassernamen verzeichnen, wird in den zwei frühesten der Werdener Abt *Hoger* als Autor genannt. Es sind, wie mehrfach erwähnt, die aus dem 10. Jahrhundert stammenden Handschriften *Valenciennes* (**A**) und *Cambridge* (**Q**).

Hs. *Cambridge*, deren Ursprung in Canterbury liegt, gibt den Namen deutlich wieder: „Musica Hogeri. Excerptiones Hogeri Abbatis ex auctoribus musicae artis"[101]. Bei Hs. *Valenciennes* dagegen ist der Name undeutlich zu lesen. Statt *Hoger* wurden auch die Namen *Noger, Notger, Hotger* herausgelesen: „Commentum musicae artis ex opusculis Boetii excerptum et a venerabili abbate Hogero [Nogero, Notgero, Hotgero] elaboratum"[102].

Dieser Lesefehler könnte Folgen gehabt haben: Noch in Hs. *Valenciennes* findet sich eine wohl als Korrektur gedachte Wiederholung dieser Textstelle, allerdings von späterer Hand (12.Jh.): „Incipit commentum musicae artis ex opusculis Boetii excerptum et a venerabili abbate Otgero elaboratum"[103]. Der Name *Otger* findet sich auch in der im 11./12. Jahrhundert entstandenen Hs. *Bruxelles*, Bibl. Royale Inv.-No. 10078-95: „De musicis notis et consonantiarum modis Otgeri abbatis liber incipit"[104].

Vom 11. bis 14. Jahrhundert schließlich ist eine Namensgruppe belegt, bestehend aus *Otto, Obdo, Oddo, Odo*: Hs. *Wolfenbüttel*, 11. Jh., Herzog-August-Bibl. Cod.Gud.lat. 72: „Enchiriades Ottonis abbatis cluniacensis"[105]; Hs. *Bruxelles*, 11. Jh, Bibl. Royale Inv.-No. 10114-16: „enchiridion Obdonis abbatis"[106]; Hs. *Firenze*, 12./13. Jh., Bibl. Medicea - Laurenziana Ms. Ashb. 1051[107] und Hs. *Roma*, 14. Jh., Bibl. Apost. Vatic. Cod. Regin. Lat. 1315[108]: „enchiriadis Oddonis abbatis"; Hs. *Oxford*, ca. 1400, Bodleian Library Ms. Canon. Misc. 212[109]: „enchiridion harmonicum Odonis abatis cluniacensis".

---

101 RISM B III 4, S. 3; Ed. Schmid, S. 3 (**Q**).
102 RISM B III 1, S. 134; Ed. Schmid, S. 3 (**A**). Zu den Lesarten bei *Hoger* siehe auch: G. Morin, *L'Auteur de la Musica Enchiriadis*, Révue Bénedictine VIII, 1891, S. 352f. Nach Morin (S. 352) findet sich in einer frühen Besprechung der Handschrift *Valenciennes* zum erstenmal die Lesart *Hotgero*: G.H. Pertz, *Archiv der Gesellschaft für Ältere Geschichtskunde* VIII, Hannover 1843, S. 440.
103 RISM B III 1, S. 135; Ed. Schmid, S. 3 (**A**).
104 RISM B III 1, S. 55-57; Ed. Schmid, S. 3 (**B**).
105 RISM B III 3, S. 210/211; Ed. Schmid, S. 3 (**G**). Eintrag von späterer Hand.
106 RISM B III 1, S. 57/58; Ed. Schmid, S. 3 (**Br**).
107 RISM B III 2, S. 43-47; Ed. Schmid, S. 3 (**Fi**).
108 RISM B III 2, S. 116/117; Ed. Schmid, S. 3 (**Gi**).
109 RISM B III 4, S. 118/119; Ed. Schmid, S. 3 (**X**).

Der Name *Hoger* wurde somit im Laufe der Handschriftengeschichte ständig verändert: *Hoger/Noger - Hotger/Notger/Otger - Otto, Obdo, Oddo, Odo.* Auffallend ist dabei die Logik der Lautveränderungen bei der Namensfortschreibung. Aus dem anfänglichen *Hoger* entwickelte sich eine konstant zweisilbig bleibende Namenskette, deren einzelne Glieder zunächst den Kern der ersten Silbe und die zweite Silbe ganz bewahrten (*o/ger*), danach nur noch den Stammlaut der ersten Silbe (o). Es liegt auf der Hand, daß hier der nicht untypische Fall von Lese-, Übertragungsfehler, Wortverschleifung im Spiel gewesen ist. Hinzu kamen Verwechslungen, Fehlannahmen: Mit den Namen *Notger, Otger, Odo* verbanden sich vorstellbare Persönlichkeiten an geschichtsträchtigen Orten; selbst *Hucbald* läßt sich noch - wenn auch als entferntestes Glied - in diese Namenskette einfügen[110]. Über einen Musiktheoretiker *Hoger* schweigen sich die Quellen dagegen bisher aus.

Hoger von Werden, der vielleicht bedeutendste Musiktheoretiker des frühen Mittelalters, bleibt weiterhin geheimnisvoll. Der an sich seltene Name *Hoger* findet sich im Werdener Umkreis zeitlich nicht allzu entfernt noch zweimal, scheint also für diese Gegend nicht untypisch gewesen zu sein[111].

Belegt ist für Ende 10./Anfang 11. Jahrhundert ein Konventsmitglied, ein *nonnus Hogerus*, der (mit Zustimmung seines Bruders *Sigifrid*) seinen Besitz in Barnscheid dem Kloster vermachte und später (als *monachus conversus*) beitrat. Noch ein weiterer *Hoger* - im gleichen Zeitraum wohl - hatte seine Erbschaften in Bredeney und Rellinghausen (beides in unmittelbarer Nachbarschaft Werdens) zum Gedenken an seinen Bruder *Amulricus* dem Kloster vermacht[112].

Schließlich muß noch der am 20. 12. 916 verstorbene Erzbischof *Hoger* von Bremen-Hamburg erwähnt werden. Dieser *Hoger* - der zeitgleich mit Abt *Hoger* von Werden gelebt hat - ist nicht unbekannt, denn zu seinem Andenken fanden am 20. oder 29. 12. Heiligenfeste statt[113]. *Hoger* von Bremen-Hamburg war zuerst Mönch in Corvey, bevor er Koadjutor und 909 Nachfolger des hl. *Adalgar* wurde. Er galt als streng und konservativ. So unwahrscheinlich es ist, daß alle genannten *Hogers* verwandtschaftlich verbunden sind, so verlockend erscheint die Frage, ob zwischen dem Werdener Abt und dem Bremer Erzbischof nicht doch irgendein Zusammenhang bestanden haben könnte. Verwirrend nämlich: Der vermutliche Vorgänger des *Hoger* von Werden hieß *Adaldag*, was an *Adalgar*, den Vorgänger

---

110 Die Überschriften der vom überlieferten Text der *Musica enchiriadis* stark abweichenden Fassung der Hs. *Paris*, BN fonds lat. 7202 (11. Jh.) und einer späteren Abschrift aus dem 15. Jh. (Hs. *Florenz*, Bibl. Magliabecchina 1, Nr. 406) lauten: „INCIPIT INCHIRIADON UCHUBALDI FRANCIGENAE". Auf sie ist die anhaltende Zuschreibung an *Hucbald* zurückzuführen. Vgl. R. Weakland, Art. *Hucbald*, in: MGG, Bd. VI, Sp. 822.

111 *Hoger* (= Höcker) stammt vermutlich aus dem (heutigen) niederländischen Bereich, ist seit dem 13. Jh. auch in der Schweiz nachweisbar. *Deutsches Wörterbuch*, v. Jacob Grimm und Wilhelm Grimm, Bd. X, München 1994 (= II,4 Leipzig 1877), Sp. 1651 und 1705.

112 R. Kötzschke, *Die Urbare ...*, a.a.O., S. 159 Nr. 83 und 78. W. Stüwer, *Die Reichsabtei Werden ...*, a.a.O., S. 413.

113 *Lexikon für Theologie und Kirche*, Bd.V, Freiburg 1960, Sp. 427.

des Bremers erinnert. Und weiterhin gab es zwischen Werden und Corvey eine Bruderschaft. Es dürfte sich hier dennoch nicht um ein und dieselbe Person handeln, aufgrund der vorhandenen unterschiedlichen Sterbedaten. Doch wäre es ein seltsamer Zufall, wenn beide *Hogers* eine Vorliebe für Musik entwickelt und im Essener Damenstift einen gemeinsamen Adressaten ihrer unterschiedlichen musikalischen Schwerpunkte gehabt hätten: der Corveyer mit der paläo-fränkischen, über Corbie vermittelten Neumenschrift, der Werdener mit dem Dasiasystem.

8. Alter

Abt *Hoger* aus Werden starb am 7. Januar 906, nicht 902, wie irrtümlich überliefert[114]. Er dürfte sich in höherem Alter befunden haben, denn die Wahl eines jüngeren Mönchs zum Abt ist kaum denkbar. Dasselbe muß für seine Vorgänger gegolten haben, denn sie regierten alle ziemlich kurz. Der Verfasser der *Musica enchiriadis* muß ebenso eine ältere Person gewesen sein. Man kann dies nicht nur an dem Gesamthabitus der Schrift ablesen (am immensen Wissensstand, an der pädagogischen Umsicht), sondern auch eventuell aus den merkwürdigen Unregelmäßigkeiten innerhalb des *Scolica enchiriadis*-Traktats im allgemeinen und des *Düsseldorfer Fragments* im besonderen schließen - hier vorausgesetzt, der Autor hat das Abschreiben tatsächlich mit zu verantworten. Die unsystematische Einführung aller Tonzeichen, die kleinen Vergeßlichkeiten bei der versuchten didaktischen Verwendung der Tonzeichen, die wechselnden Kriterien bei den optischen Verdeutlichungen (Notation, Farben, Linien), der lässig übersehene Abschnitt (sollte es kein ‚Blackout' gewesen sein), schließlich auch einige vorhandene geringe Unterschiede im Begriffsapparat zwischen *Musica*- und *Scolica enchiriadis*-Traktat (was gelegentlich zur Vermutung verschiedener Autorschaften führte[115]), könnte auch auf Vorläufigkeit schließen lassen. Sollte die *Scolica enchiriadis* seiner Endüberarbeitung geharrt haben, die dann nicht mehr, oder anders zustandekam? Dabei wäre selbst die dramatischste Vorstellung denkbar: die, daß der Autor über der endgültigen Fertigstellung der im Anschluß an den *Musica enchiriadis*-Teil geschriebenen *Scolica enchiriadis* verstarb, und seine Schüler oder Mitbrüder die Schrift zu Ende zusammenstellten[116].

---

114 W. Stüwer, *Die Reichsabtei Werden* ..., a.a.O., S. 303.
115 L. Gushee, Artikel *Musica enchiriadis*, in: New Grove, Bd. XII, London 1980, S. 802; R. Erickson, a.a.O., xxii.
116 H. Schmid hält es nicht für undenkbar, daß die Erstkodifizierung sogar der beiden Traktate (*Musica* und *Scolica enchiriadis*) nicht mehr vom Autor selbst vorgenommen wurde. H. Schmid, *Zur sogenannten Pariser Bearbeitung*, a.a.O., S. 217. Eine Randbemerkung sei an dieser Stelle gestattet: Das *archion* auf fol. 2r, 1. Zeile, wurde noch zu *archoon* korrigiert (siehe S. 90), beim *archio* auf fol. 3v, Zeile 7 unterblieb jedoch eine Korrektur (zu *archoo*).

9. Verbreitung

Die bisherige Interpretation der Handschriftenverbreitung der *Musica enchiriadis*-Schriften ging von den Zentren der Laonzone oder des Köln-Liège-Raums als Ausgangspunkte aus. Doch auch hier sprechen die Quellen nicht überzeugend dafür. Die Handschrift *Valenciennes* (**A**) wurde in St. Amand gefunden, doch ausgerechnet sie nennt *Hoger* als Autor. Und sie weist durch die Häufigkeit der in den Text eingestreuten kleinen *Capitalis-rustica*-N - so, wie in Werdener Handschriften - ein für St.-Amand-Handschriften eigentlich selteneres, zumindest nicht charakteristisches Schriftmerkmal auf[117]. Die Handschrift deckt sich fast vollständig mit einer anderen, ungefähr gleichzeitig - nach H. Schmid sogar früher - entstandenen Handschrift der *Musica enchiriadis*: *Köln*, Stadtarchiv, Hs. W331 (**K**)[118].

Die Kölner Handschrift befand sich ursprünglich in der St. Vitus-Abtei in Mönchengladbach, die mit Werden in gutem Kontakt stand (die Mönchengladbacher Abtei wurde zwar erst 974 gegründet, doch schon um 793 gab es dort eine Kirche). So könnte die Verbreitung der *Musica enchiriadis* auch umgekehrt verlaufen sein: von Werden über Mönchengladbach/Köln, St. Amand, und nordwärts - die angelsächsischen Bindungen nutzend - nach Canterbury (**Q**).

Die Geschichte der Abtei Werden verläuft wechselhaft. Die geistige Blütezeit vom Ende des 9. Jahrhunderts hielt noch im 10. Jahrhundert an, dies belegen zum Beispiel die beiden erhaltenen Figurengedichte des Werdener Mönchs *Uffing* (um 980)[119]. Doch danach gibt es lange keine bedeutenden literarische und künstlerische oder wissenschaftliche Ereignisse mehr. Der Schreiber der *Bamberger* Handschrift *Var. 1* sowie deren musikunkundige Glossenschreiber des 11. Jahrhunderts - sollten sie noch aus Werden stammen - lassen ahnen, daß die Kenntnis des Dasiasystems um 1000 in Werden allmählich verschwand[120]; vielleicht auch deswegen erschien die Handschrift entbehrlich, denn sie könnte schon früh nach Bamberg gekommen sein: als Präsent an Heinrich II, den Stifter Bambergs, der 1017 das Pfingstfest in Werden feierte[121]. Im 11./ 12. Jahrhundert scheint Abteialltag geherrscht zu haben. Das Skriptorium, in der ersten Hälfte des 11. Jahrhunderts noch glanzvoll hervorgetreten mit dem zwischen 1029 und 1050 entstandenen *Werdener Psalter*[122], hatte bald keinen guten Ruf mehr.

---

117 Siehe S. 85/86, Anm. 30.
118 H. Schmid, Kgr.-Ber. Köln, a.a.O., S. 263.
119 W. Stüwer, *Die Reichsabtei Werden ...*, a.a.O., S. 234, S. 69 Nr. 41; N. Eickermann, *Zu den Carmina figurata Uffings von Werden*, a.a.O. (mit Faks.).
120 Siehe S. 71/72 und S. 103/104, Anm. 64.
121 R. Drögereit, *Werden und der Heliand*, a.a.O., S. 99.
122 *Werdener Psalter. Codices selecti*, Faksimile-Ausgaben der Akademischen Druck- und Verlagsanstalt Graz, Bd. LXIII, hg. von H. Knaus, Graz 1979; nach E. Freise (*Vergessene Zeiten*, a.a.O., S. 38): „ ... nicht allein das Werk von Schreibermönchen, sondern auch von Malerlaien".

Im Kloster gab es bis ins 11./12. Jahrhundert hinein im Schnitt 10 junge Scholaren, danach setzte ein Niedergang ein[123]. Zum Unsteten beigetragen haben vielleicht auch die Verwicklungen Werdens in verschiedene Reformbestrebungen vom 11. bis zum 13. Jahrhundert: cluniazensische Einflüsse, Gorzer Reform, Siegburger Reform[124]. 1119 wurde die Anlage vorübergehend durch Brand zerstört. 1279 erfolgte, nach über 20-jähriger Bauzeit, die Einweihung einer neuen Klosterkirche.

Die wirtschaftliche Situation verlief ebenso wechselhaft. Der im 9. und 10. Jahrhundert kontinuierliche Aufstieg stockte nach 1000. Im 12. und 13. Jahrhundert gab es einen Bedeutungszuwachs, indem die Abtei sogar zur Reichsabtei und zum Fürstentum avancierte. Auch konnte der Besitzstand leicht vergrößert und bis ins 14. Jahrhundert einigermaßen gehalten werden. Doch der äußere Glanz täuschte, es gab gravierende innere, besonders wirtschaftliche Probleme, verbunden mit der Unfähigkeit zu Reformen. Bereits ab dem 13. Jahrhundert wurden anhaltende „Verfallserscheinungen deutlich sichtbar"[125]. Im 14. Jahrhundert gab es im Kloster keine wissenschaftliche Ausbildung mehr, herrschte ein allgemeiner Bildungsverfall[126]. Erst viel später, mit dem Beitritt des Klosters in die Bursfelder Kongregation, 1474, konnte der Verfall gestoppt werden.

Parallel hierzu (vom 10. bis 14. Jahrhundert) verbreitete sich andernorts die *Musica enchiriadis*, entstanden kenntnisreiche Abschriften in anderen Zentren, wie zum Beispiel die Handschrift *Paris*, Bibl.Nat. Ms. Lat. 7212, aus dem 11./12. Jahrhundert[127]. Je präsenter die Schrift in anderen (stabilen oder aufblühenden) Stätten und Zentren wurde, um so rascher verblaßten die Werdener *Musica enchiriadis*-Spuren, wurden die frühsten Hinweise organaler Praxis beinahe getilgt.

---

123   Die Zahl 10 geht aus einer Anniversarstiftung von Abt Otto I. hervor (um 1100); W. Stüwer, *Die Reichsabtei Werden* ..., a.a.O., S. 123. Zum Verfall vgl. H. Hoffmann: „... zu Beginn des 11. Jahrhunderts im Werdener Skriptorium ..., als dort die ottonische Schreibkunst mehr und mehr verkam" (*Bamberger Handschriften*, a.a.O., S. 116); E. Freise (wie Anm. 122): „Die Produktivität der Schreibstube fiel seit 1200 sehr ab - eine Folge finanzieller Belastungen und Disziplinmangel im Konvent".

124   W. Stüwer, *Die Reichsabtei Werden* ..., a.a.O., S. 94f.; H. Finger, *Benediktinisches Mönchstum* ..., a.a.O.

125   W. Stüwer, *Die Reichsabtei Werden* ..., a.a.O., S. 245.

126   Ebenda, S. 227f.

127   RISM BIII 1, S. 105; Ed. Schmid = **C**.

Eine andere, sublime Art der Verbreitung läßt sich allerdings aufspüren in dem, was man ‚paläographische Ausstrahlung' nennen könnte. Eine solche Ausstrahlung setzt bei der frühest erhaltenen Schrift, dem *Düsseldorfer Fragment* an und beginnt sehr wahrscheinlich bei dessen Werdener Vorlage, inklusive möglicher weiterer Werdener Kopien. Und sie wirkt über viele spätere Abschriften der *Musica enchiriadis* hinweg, im Sinne eines Bewahrens einer urtümlichen, d.h. dem Archetypus entsprechenden Schreibweise, dies an zentraler Stelle. Es ist der erläuterte Buchstabe N , im Zusammenhang mit den Tonzeichen $\mathcal{N}$ und $\mathcal{S}$, welcher bei den besprochenen Textstellen „Tritus sonus excipitur ..." bzw. „Excepto trito ..." in viel späteren Handschriften oft und unerwartet begegnet. Das N ist zwar nicht ausschließlich auf Werden beschränkt, doch ist es nach Ansicht mehrerer Forscher in seiner spezifischen Verwendungsweise als ausgesprochen charakteristisch für den Werdener Schreibstil im späten 9. Jahrhundert anzusehen. So könnte die beschriebene paläographische Auffälligkeit in der *Musica enchiriadis*-Texttradition der eigentliche Beweis dafür sein, daß die Schrift in Werden entstanden ist.

10. Gemeinschaft

Ob dem Werdener Abt *Hoger* die Erfindung der Schrift alleine zuzutrauen ist, wie es das „Musica Hogeri" in der Hs. *Cambridge* (**Q**) zum Ausdruck bringt, oder ob man in ihm mehr einen Überbringer sehen mag, entsprechend den „Excerptiones[128] Hogeri Abbatis ex auctoribus musicae artis" (**Q**) oder dem „Commentum musicae artis ex opusculis Boetii excerptum et a venerabili abbate Hogero elaboratum" in Hs. *Valenciennes* (**A**), läßt sich - bei ausschließlichem Blick auf diese Formulierungen - kaum entscheiden.

Daß die *Musica enchiriadis* über die Jahrhunderte ihrer Fortschreibung hinweg letztlich viele ‚Autoren' hat, ist einerseits selbstverständlich in einem Zeitalter, welchem die Vorstellung von ‚Urschrift' oder ‚Authentizität' absonderlich vorgekommen wäre, muß hingegen nicht abhalten von der Suche nach den Anfängen. Dabei müßte die Urschrift nicht das Ergebnis eines einzelnen Intellekts gewesen, sondern könnte auch im Kollektiv entstanden sein, unter Aufsicht einer Führungsautorität.

---

128 Die Bedeutung von *excerptae* kann auch deckungsgleich sein mit *scolica*, siehe N. Phillips, *Musica and Scolica enchiriadis*, a.a.O., S. 377; dies., Artikel *Musica enchiriadis*, a.a.O., Sp. 655.

Die Werdener Abteigeschichte des letzten Drittels im 9. Jahrhundert bietet unter Umständen sogar ein entsprechendes Modell an. Die Werdener Mönche hatten in der zweiten Hälfte des 9. Jahrhunderts gelernt, sich durchzusetzen. Sie hatten sich - eingedenk der Schwierigkeiten um die Jahrhundertmitte - 877 gemeinsam den Königsschutz, die Immunität und die Erlaubnis zur freien Abtswahl erkämpft. Solcher Gruppengeist hat vermutlich zu einer (nicht üblichen) Zusammenarbeit bei den Lebensbeschreibungen des Gründers *Liudger* geführt: Von den insgesamt drei erhaltenen Viten des *Liudger* sind die ersten beiden von jeweils einem Autor verfaßt; die *vita tertia* dagegen, geschrieben zwischen 863 und 880, ist mit großer Wahrscheinlichkeit von mehreren Mönchen konzipiert, bei Federführung eines einzelnen, nicht näher genannten bzw. herausgestellten ‚Schriftleiters'[129].

Es war die Zeit der Konsolidierung in Werden, des gemeinsamen Erstreitens besonderer Rechte bis hin zur freien Abtswahl, des geistigen Aufstiegs infolge eines entstandenen Teamgeistes. Ein solcher konnte in einem überschaubaren Kloster wie Werden, in dem die Drähte zwischen Abt, Konvent und den übrigen Funktionsträgern und Mitbewohnern kürzer waren als anderswo, um so leichter entstehen. Im Falle der *Musica enchiriadis* wäre ein solches Zusammenwirken von Mönchen unter der Leitung oder Obhut des Abtes *Hoger* durchaus vorstellbar - vielleicht auch unter der inspirierenden Mithilfe eines *canonicus*[130], oder gar eines der angelsächsischen Praxis des improvisierten mehrstimmigen Singens kundigen Mitbewohners - denn dem Insularen gegenüber fühlte man sich in Werden aufgrund der Gründungsgeschichte besonders verbunden. Ein solches Kollektiv wäre wohl auch am ehesten in der Lage gewesen, beim eventuellen vorzeitigen Ausscheiden seines *spiritus rectors* die Schrift zu Ende zu bringen[131].

---

129 W. Diekamp, *Die vitae ...*, a.a.O., S. XLIXf.

130 Siehe S. 99/100.

131 Eine andere Form der Entstehung einer für das Kloster wichtigen Schrift unter der Obhut eines Abtes wäre die Beauftragung durch den Abt. So existierte in Werden eine versifizierte Vita des Klostergründers auf der Grundlage der vorhandenen Viten, die *Vita rythmica*; sie wurde von einem unbekannten Werdener Mönch im Auftrag des Abtes *Bernhard* (1125-1140) verfaßt. Siehe W. Diekamp, *Die vitae ...*, a.a.O., S 135ff.; W. Stüwer, *Die Reichsabtei Werden ...*, a.a.O., S. 235. Für die *Musica enchiriadis* dürfte allerdings - der Namensnennung *Hoger* in Verbindung mit *Abbas* zufolge - eine solche Entstehungsmöglichkeit auszuschließen sein.

11. Speculatio

Abt *Hoger* von Werden scheint sich dem vollständigen geschichtlichen Zugriff bisher zu entziehen. Dies läßt ihn geheimnisvoll bleiben und verführt zum Spekulativen. Sollte er tatsächlich der (bescheidene) Autor der *Musica enchiriadis* sein - und beinahe alles spricht dafür -, so könnte man weiterfragen: Stellen die grundsätzliche Bedeutung des Dasiazeichens ⊢ als Hauchlaut (Anlaut *h*) - oder graphisch verstanden als ,halbes H' -, weiterhin die Wahl des Buchstaben N beim *tritos* der *graves*, bei möglicher Lesart des N als H (N als Runenzeichen für *h*, N als verwechselbar mit dem Buchstaben H[132]), ja vielleicht sogar das griechische *magister*-Kürzel Ж, welches ebenfalls einem H gleicht (und zusammen mit dem *discipulus*-Kürzel Δ schon für manche Verwirrung gesorgt hat[133]), einen verborgenen Hinweis auf den Werdener Abt dar, einen geheimen ,Initiale-Kodex' des aufs Spiel mit Buchstaben und graphischen Zeichen versessenen Autors - die eigentliche Pointe zur Zeichenerfindung in der *Musica enchiriadis*?

12. Repetitio

Die zurückliegenden Ausführungen sollten in ihrer Gesamtheit gesichert genug sein, um auch dem Spekulativen gelegentlich Raum zu geben. Denn selbst wenn man die rein spekulativen Seiten dieser Ausführungen (,Dasia-Rätsel / Prüfungsaufgabe', ,H-Initiale-Kodex') außer Acht läßt, und einige Fragen nicht vollständig zu klären sind (gesamter Werdener Bibliotheksbestand, Ausbildung in Werden, Wege der Handschriftenverbreitung, Herkunft und Person *Hogers*, Autor oder Autorenkollektiv), so läßt sich am Ende dieser Studie festhalten: Die frühesten Belege einer intensiven Auseinandersetzung und einer lebendigen Praxis mit dem Dasiasystem, dem ältesten System zur rationalen Erfassung, Aufzeichnung und direkten Umsetzung mehrstimmiger Musik, sind in Werden an der Ruhr, dem heutigen Essen-Werden zu finden, am Ende des 9. Jahrhunderts. Darüber hinaus führen die Spuren der Entstehung der *Musica enchiriadis*, der zentralen musiktheoretischen Schrift, welche die europäische artifizielle Mehrstimmigkeit begründet, nach allem, was an Hinweisen und Fakten vorhanden ist, ebenfalls nach Werden: Die Urschrift ist mit allergrößter Wahrscheinlichkeit bis nahezu Gewißheit hier erdacht und geschrieben worden. Abt *Hoger* ist mit vergleichbar hoher Wahrscheinlichkeit der Erfinder der bedeutenden Schrift, entweder allein, oder als Leiter eines Kollektivs kompetenter Mönche und Praktiker.

---

132 Siehe S. 78, Anm. 25
133 N. Phillips, Rezension, a.a.O., S. 142.

ABKÜRZUNGEN
(Abkürzungs- und Kurztitelverzeichnis)

AfMw
Archiv für Musikwissenschaft

AMl
Acta musicologica

Brockhaus Riemann Musiklexikon
Brockhaus Riemann Musiklexikon in 2 Bdn., hg. v. C. Dahlhaus und H.H. Eggebrecht, Wiesbaden/Mainz 1978 und 1979

Ed. Schmid
Musica et Scolica enchiriadis una cum aliquibus tractatulis adiunctis recensio nova post Gerbertinam altera ad fidem omnium codicum manuscriptorum, quam edidit Hans Schmid (= Akademie der Wissenschaften, Veröffentlichungen der Musikhistorischen Kommission, Bd. III), München 1981

GS
Scriptores ecclesiastici de musica sacra potissimum, 3 Bde., hg. v. M. Gerbert, St. Blasien 1784, Nachdruck Hildesheim 1963
Internet-Zugang: über TML

HmT
Handwörterbuch der musikalischen Terminologie, hg. von H.H. Eggebrecht, Wiesbaden 1972ff.

JAMS
Journal of the American Musicological Society

LmL
Lexicon musicum Latinum medii aevi (= Wörterbuch der lateinischen Musikterminologie des Mittelalters bis zum Ausgang des 15. Jahrhunderts), hg. von M. Bernhard, München (Bayer. Ak. d. Wiss.), 1992ff.
Internet-Zugang: http://www.badw.de/musik/lml.htm

MfM
Monatshefte für Musik

MGG
Die Musik in Geschichte und Gegenwart, 16 Bde., hg. von F. Blume, Kassel 1949-1979

MGG
Die Musik in Geschichte und Gegenwart, 2. neubearbeitete Ausgabe, hg. v. L. Finscher, Sachteil, Kassel 1994f.

MGH
Monumenta Germaniae Historica

Mf
Die Musikforschung

Migne Patr. Lat.
   Patrologiae cursus completus, series Latina, 221 Bde, hg. v. J.P. Migne,
   Paris 1844-1904;
   Internet-Zugang: über TML
Mth
   Die Musiktheorie
New Grove
   The New Grove Dictionary of Music and Musicians, ed. by St. Sadie,
   XX Bde., London 1980
Révue Bénédictine
   Révue Bénédictine, Abbaye de St. Benoit, Maredsous 1884ff.
RISM
   Répertoire international des sources musicales, publié par la Société
   Internationale de Musicologie
   Serie A1: Einzeldrucke vor 1800, Kassel 1971ff.
   Serie B (Systematische Reihe), München 1960ff.; Handschriften (Serie B)
   Internet-Zugang (in Teilübersichten): über LmL
   Serie C: Directory of Music Research Libraries, Kassel 1967ff.
Scriptorium
   Scriptorium. Révue international des études relatives aux manuscrits.
   International review of manuscript studies, Brüssel 1946ff.
VfMw
   Vierteljahresschrift für Musikwissenschaft
TML
   Thesaurus Musicarum Latinarum. School of Music Indiana University
   Bloomington. Center for the History of Music and Literature.
   Internet-Zugang: http:/www.music.indiana.edu/tml/start.html

HANDSCHRIFTEN UND SIGEL

Landes- und Universitätsbibliothek Düsseldorf, Handschrift K3:H3
(Das *Düsseldorfer Fragment*)
Die Handschrift ist Leihgabe der Stadt Düsseldorf an die Universitäts- und Landesbibliothek Düsseldorf

Bamberger Staatsbibliothek, Codex HJ. IV. 20. (Var. 1)

Kopienbestand aus dem Nachlaß von Dr. Hans Schmid, aufbewahrt in der der Bayerischen Akademie der Wissenschaften (Musikhistorische Kommission, Leitung: Dr. Michael Bernhard). Dieser Kopienbestand umfaßt alle bekannten Quellen des Musiktraktats der *Musica* und *Scolica enchiriadis*

Sigel: Die Sigel-Bezeichnung der zitierten Handschriften erfolgt nach Ed. Schmid, S. VIIf. und XII (*Sigla codicum*)

LITERATURVERZEICHNIS

Adler, Guido, *Handbuch der Musikgeschichte*, Frankfurt/M 1924.

Apel, Willi, *Die Notation der Polyphonen Musik 900-1600* (Titel der engl. Originalausgabe: *The Notation of Polyphonic Music 900-1600*, Cambridge, Massachusetts, 1. deutsche Ausgabe Leipzig 1961), Wiesbaden 1981.

Arndt, Wilhelm / Tangl, Michael (Hrsg.), *Schrifttafeln zur Erlernung der lateinischen Paläographie*, hrsg. v. Wilhelm Arndt und Michael Tangl, Hildesheim, New York 1976 (= Reprint der Ausgabe Berlin 1904).

Bernhard, Michael, *Überlieferung und Fortleben der antiken lateinischen Musiktheorie im Mittelalter*, in: *Geschichte der Musiktheorie*, Bd. III, hg. v. Fr. Zaminer, Darmstadt 1990, S. 10 ff.

Besseler, Heinrich/Gülke, Peter, *Schriftbild der mehrstimmigen Musik* (= Musikgeschichte in Bildern, hg. v. W. Bachmann, Bd. III,5: *Musik des Mittelalters und der Renaissance*), Leipzig 1973.

Bielitz, Mathias, *Musik und Grammatik. Studien zur mittelalterlichen Musiktheorie* (= Beiträge zur Musikforschung, Bd. IV), München 1977.

Bischoff, Bernhard, *Karl der Große. Lebenswerk und Nachleben,* Düsseldorf 1965.

Ders., *Paläographie des römischen Altertums und des abendländischen Mittelalters* (= Grundlagen der Germanistik, Bd. XXIV), Berlin [2]1986, S. 78ff.

Ders., *Paläographische Fragen der deutschen Denkmäler der Karolingerzeit*, in: *Frühmittelalterliche Studien*, Bd. V, Berlin 1971.

Ders., Bischoff, *Richard Drögereit, Werden und der Heliand*, Rezension, in: Anzeiger für deutsches Altertum LXXXIV, Wiesbaden 1953.

Ders., *Unveröffentlicher Katalog über die festländischen Handschriften des 9. Jahrhunderts*, Nachlass B. Bischoff, Bayer. Akad. d. Wiss. (Bearbeitung: B. Ebersperger), München.

Blumröder, Christoph von, Artikel *Modulatio/Modulation,* in: HmT.

Corbin, Solange, *Die Neumen* (= Palaeographie der Musik, nach den Plänen Leo Schrades hg. im Musikwissenschaftl. Inst. der Univ. Basel v. W. Arlt, Bd. I,3), Köln 1977.

Dahlhaus, Carl, Artikel *Tonsysteme,* in: MGG, Bd. XIII, Sp. 540ff.

Deutsches Wörterbuch, v. Jacob Grimm und Wilhelm Grimm, Nachdruck der Erstausgabe Leipzig 1854f., München 1994.

Diekamp, Wilhelm, *Die vitae sancti Liudgeri*, Münster 1881.

Dizionario di Abbreviature Latine ed Italiane (= Lexicon Abbreviaturarum), hg. v. A. Cappelli (1929), Milano [6]1987.

Drögereit, Richard, *Liudger und die Angelsachsen*, in: Auf Roter Erde. Heimatblätter der Westfälischen Nachrichten XIII,5, 1953, S. 33ff.

Ders., *Werden und der Heliand, Studien zur Kulturgeschichte der Abtei Werden und zur Herkunft des Heliand* (= Beiträge zur Geschichte von Stadt und Stift Essen, Heft XXVI), Essen 1950.

Ders., *Zur Einheit des Werden-Essener Kulturraumes in karolingischer und ottonischer Zeit*, in: *Karolingische und Ottonische Kunst. Werden, Wesen, Wirkung* (= Forschungen zur Kunstgeschichte und christlichen Archäologie, Bd. III), Wiesbaden 1957, S. 79f.

Duden, Heinrich, „*Historia regalis et insignis monasterii et abbatiae Werthinensis", Per fr. Henricum Dudenum abbatem Werdenensem collata*, in: Jacobs, Peter, *Werdener Annalen*, Düsseldorf 1896.

Eggebrecht, Hans Heinrich, *Die Mehrstimmigkeitslehre von ihren Anfängen bis zum 12. Jahrhundert*, in: *Geschichte der Musiktheorie*, Bd. V: *Die mittelalterliche Lehre von der Mehrstimmigkeit*, Darmstadt 1984.

Ders., *Musik im Abendland. Prozesse und Stationen vom Mittelalter bis zur Gegenwart*, München/Zürich 1991, 3. Aufl. 1998.

Eickermann, Norbert, *Zu den Carmina figurataUffings von Werden* (= Beiträge zur Geschichte von Stadt und Stift Essen, Heft CI), Essen 1986/87, S. 1ff.

Erickson, Raymond, *Musica enchiriadis and Scolica enchiriadis*, New Haven 1995.

Finger, Heinz, *Benediktinisches Mönchstum im deutschen Nordwesten: Die Abtei Werden* - Vortrag am 10. 03. 1998 im Gymnasium Essen-Werden; unveröff.

Foerster, Hans, *Abriss der lateinischen Paläographie*, Stuttgart [2]1963, S. 113ff.

Freise, Eckhardt, *Die Werdener Schreibschule und Klosterbibliothek*, in: *Vergessene Zeiten. Mittelalter im Ruhrgebiet*, a.a.O., Bd. I, S. 38.

Frobenius, Wolf, Artikel *Longa - brevis*, in: HmT.

Gerchow, Jan, *Liudger, Werden und die Angelsachsen*, unveröff. Manuskript, erscheint in: *KlosterWelt 799-1803*, Katalog zur Ausstellung der 1200-Jahrfeier Werdens, 25. 03. - 27. 06. Ruhrlandmuseum Essen, Essen 1999.

Gülke, Peter, siehe Besseler, Heinrich.

Gushee, Lawrence, Artikel *Musica enchiriadis*, in: New Grove, Bd. XII, London 1980, S. 802.

Haas, Max, *Die Musica enchiriadis und ihr Umfeld: Elementare Musiklehre und Propädeutik zur Philosophie*, in: Musik - und die Geschichte der Philosophie im Mittelalter. Fragen zur Wechselwirkung von 'musica' und 'philosophia' im Mittelalter, hg. v. F. Hentschel, (im Druck).

Hebborn, Barbara, *Die Dasia-Notation* (= Orpheus-Schriftenreihe zu Grundfragen der Musik, Bd. LXXIX), Bonn 1995.

Helgason, Hallgrímur, *Das Bauernorganum auf Island*, in: Kgr.-Köln 1958, S. 132f.

Ders., *Das Organum-Singen in Island*, Beiträge zur Musikwissenschaft, Bd. XIV, 1972, S. 221f.

Historisches Wörterbuch der Philosophie, hg. v. J. Ritter und K. Gründer, völlig neu bearb. Ausg. des 'Wörterbuchs der philosophischen Begriffe' von R. Eisler, Darmstadt 1995.

Hoffmann, Hartmut, *Bamberger Handschriften des 10. und 11. Jahrhunderts* (= MGH, Schriften, Bd. XXXIX), Hannover 1995.

Hornbostel, Erich Moritz von, *Phonographierte isländische Zwiegesänge,* in: Ders., *Tonart und Ethos.* Aufsätze zur Musikethnologie und Musikpsychologie, Leipzig 1986, S. 287ff.

Huglo, Michel, *Les Diagrammes d'harmoniques interpolés dans les manuscrits hispaniques de la Musica d'Isidori,* Scriptorium XLVIII, 1994, S. 171ff.

Ders., *Remarques sur un manuscrit de la 'Consolatio Philosophiae'* (London, British Library, Harleian 3095), Scriptorium LV, 1991, S. 294ff.

Ders., Rezension zu Hans Schmid, *Musica et Scolica enchiriadis ...,* Scriptorium XXVI,2, 1982), S. 338ff.

Siehe auch: Phillips/Huglo.

Illmer, Detlef, Erziehung und Wissensvermittlung im frühen Mittelalter, Kastellaun 1979

Jacobs, Peter, *Werdener Annalen* (= Beiträge zur Geschichte des Stiftes Werden, Heft V), Düsseldorf 1896.

Jammers, Ewald, *Die Essener Neumenhandschriften der Landes- und Stadt-Bibliothek Düsseldorf,* Ratingen 1952.

Ders, *Dürfen die Melodietöne des gregorianischen Chorals gezählt werden,* Mf. VII, 1954, S. 68f. (= Replik auf Kunz, siehe dort).

Ders, *Gregorianische Studien,* Mf V, 1952, S. 30ff.

Ders, *Schrift, Ordnung, Gestalt* (= Neue Heidelberger Studien zur Musikwissenschaft, Bd. I), Bern 1969.

Ders, *Tafeln zur Neumenschrift,* Tutzing 1965.

Kaden, Christian, *Tonsystem und Mehrstimmigkeitslehre der Musica enchiriadis. Theoretische Spekulation oder theoretische Handreichung?,* in: *Schule und Schüler im Mittelalter. Beiträge zur europäischen Bildungsgeschichte des 9. bis 15. Jahrhunderts* (= Beihefte zum Archiv für Kulturgeschichte XLII), hg. v. M. Kintzinger, Köln 1996, S. 78f.

KlosterWelt 799-1803, Katalog zur Ausstellung der 1200-Jahrfeier Werdens im Ruhrlandmuseum Essen vom 25. 03. - 27. 06. 1999, Essen 1999 (erscheint in Kürze).

Kostbarkeiten aus der Bibliothek der ehemaligen Reichsabtei Werden. Eine Ausstellung der Universitätsbibliothek Düsseldorf in der Schatzkammer der Propsteikirche St. Ludgerus vom 09. 05. - 07. 06. 1988; Text zur Ausstellung, hg. v. G. Gattermann, Düsseldorf 1988 (o. Seitenangabe).

Kötzschke, Rudolf (Hrsg.), *Publikationen der Gesellschaft für Rheinische Musikgeschichte. Rheinische Urbare. Sammlungen von Urbaren und anderen Quellen zur Rheinischen Wirtschaftsgeschichte. II: Die Urbare der Abtei Werden a. d. Ruhr. A. Die Urbare vom 9. - 13. Jh.,* hg. v. R. Kötzschke, Nachdruck der Ausgabe Bonn 1906, Düsseldorf 1978.

Kunz, Lucas, *Dürfen die Melodietöne des gregorianischen Chorals gezählt werden,* Mf V, 1952, S. 352ff.

Lexikon für Theologie und Kirche, Freiburg ²1957-1965.

Lipphardt, Walther, Artikel *Notation*. A II: *Die mittelalterliche Choralnotation (Neumen)*, in: MGG, Bd. IX, Sp. 1611ff.

Lowe, Elias Avery, *Codices Latini antiquiores. A paleographical guide to Latin manuscripts prior to the ninth century* I-XII, Oxford 1934-1971.

Manitius, Max, *Hogers von Werden Musica Enchiriadis*, in: Handbuch der klassischen Altertumswissenschaft, Bd. IX,2, München 1911, Wiederabdruck in: *Geschichte der lateinischen Literatur des Mittelalters I, Von Justinian bis zur Mitte des zehnten Jahrhunderts* (= Handbuch der Altertumswissenschaft, hg. v. W. Otto, Neue Abteilung, Bd. II,1), München 1965, S. 449ff.

Möbius, Gerhard, *Das Tonsystem aus der Zeit vor 1000*, Köln 1963.

Möller, Hartmut/Stephan, Rudolf, *Die Musik des Mittelalters* (= Neues Handbuch der Musikwissenschaft, hg. v. C. Dahlhaus, fortgeführt von H. Danuser, Bd. II), Laaber 1991.

Ders., Rundfunksendung zum Mittelalter, in: *Funk-Kolleg Musikgeschichte*; dazu Studienbegleitbrief 2, Weinheim 1987.

Monumenta palaeographica, Denkmäler der Schreibkunst des Mittelalters, hg. v. A. Chroust, München 1899ff.

Morin, Germain, *L'Auteur de la Musica Enchiriadis*, in: Révue Bénedictine VIII, 1891, S. 343ff.

Ders., *Un essai d'autocritique*, Révue Bénédictine XII, 1895, S. 394.

Müller, Hans, *Hucbalds echte und unechte Schriften über Musik*, Leipzig 1884.

Musik in Münster, eine Ausstellung des Stadtmuseums Münster in Zusammenarbeit mit dem Musikwissenschaftlichen Seminar der Westfälischen Wilhelms-Universität Münster, Regensburg/Münster 1994.

Paléographie musicale. Les principaux manuscrits de chant grégorien, ambrosien, mozarabe, gallican, publiés en fac-similés phototypiques par les Bénedictins de Solesmes, Solesmes 1889ff.

Phillips, Nancy, Artikel *Musica enchiriadis*, in: MGG, 2. neubearbeitete Ausgabe, hg. v. L. Finscher, Sachteil, Bd. VI, Kassel 1997, Sp. 654ff.

Dies., *Musica and Scolica enchiriadis, The Literary, Theoretical and Musical Sources*, New York 1984.

Dies., Rezension zu Hans Schmid, *Musica et Scolica enchiriadis*, JAMS XXXVI, 1983, S. 128ff.

Dies., *The Dasia Notation and its Manuscript Tradition*, in: Musicologie médiévale, Notations et Séquences, Paris/Genève 1987, S. 157ff.

Phillips/M. Huglo, *The versus Rex caeli - another look at the so-called archaic sequence*, Journal of the Plainsong and Medieval Music Society V, 1982, S. 36ff.

Reckow, Fritz, Artikel *Organum*, in: HmT.

Schäfke, Rudolf, *Geschichte der Musikästhetik in Umrissen*, Berlin 1934.

Schlecht, Raymund, *Musica Enchiriadis von Hucbald*, MfM VI, 1874, S. 163-191; VII, 1875, S. 1-47, 49-61, 65-80, 81-93; VIII, 1876, S. 89-101.

Schmid, Hans, *Die Kölner Handschrift der Musica Enchiriadis*, in: Kgr.-Ber. Köln 1958, Kassel 1959, S. 262f.

Ders., *Musica et Scolica enchiriadis una cum aliquibus tractatulis adiunctis recensio nova post Gerbertinam altera ad fidem omnium codicum manuscriptorum, quam edidit Hans Schmid* (= Bayerische Akademie der Wissenschaften, Veröffentlichungen der Musikhistorischen Kommission, Bd. III), München 1981 [= Ed. Schmid].

Ders., *Zur sogenannten Pariser Bearbeitung der Musica Enchiriadis*, in: *Tradition und Wertung* (= Festschrift F. Brunhölzl zum 65. Geburtstag), Sigmaringen 1989, S. 211ff.

Smits v. Waesberghe, Joseph, Artikel *Guido von Arezzo*, in: MGG, Bd. V, Sp. 1071ff.

Spitta, Phillip, *Die Musica enchiriadis und ihr Zeitalter*, VfMw V, 1889, S. 443ff.

Stäblein, Bruno, *Schriftbild der einstimmigen Musik* (= Musikgeschichte in Bildern, hg. v. W. Bachmann, Bd. III,4: *Musik des Mittelalters und der Renaissance*), Leipzig 1975.

Stephan, Rudolf, siehe Möller, Hartmut.

Stüwer, Wilhelm (Hrsg:), *Das Erzbistum Köln. 3. Die Reichsabtei Werden an der Ruhr*, im Auftr. d. Max-Planck-Inst. für Geschichte bearb. von W. Stüwer (= Germania Sacra, Historisch-Statistische Beschreibung der Kirche des Alten Reichs, Neue Folge XII: Die Bistümer der Kirchenprovinz Köln), Berlin/New York 1980.

Tangl, Michael, s. Arndt, Wilhelm.

Torkewitz, Dieter, *Zur Entstehung der Musica und Scolica enchiriadis*, AMl LXIX, 1997, S. 156ff.

Troncarelli, Fabio, *I codici delle Opere Teologiche di Boezio tra IX e XII secolo*, in: Scriptorium XLII, 1988, S. 15ff.

Vergessene Zeiten. Mittelalter im Ruhrgebiet, Katalog zur Ausstellung im Ruhrlandmuseum Essen vom 26. 09. 1990. - 06. 01. 1991, hg. v. F. Seibt u.a., 2 Bde., Essen 1990.

Waeltner, Ernst Ludwig, *Der Bamberger Dialog über das Organum*, AfMw XIV, 1957, S. 175ff.

Walter, Michael, *Vom Beginn der Musiktheorie und dem Ende der Musik. Über die Aktualität des Mittelalters in der Musikgeschichte.* unveröff. Manuskript, erscheint in Aml und in gekürzter Form im Katalog zur Ausstellung *KlosterWelt*, a.a.O.

Weber-Bockholdt, Petra, *Conditio - qualitas - proprietas. Über die Bestimmung des Tons in der musica enchiriadis*, Mth XII, 1997, S. 119ff.

Werdener Psalter. Codices selecti, Faksimile-Ausgaben der Akademischen Druck- und Verlagsanstalt Graz, Bd. LXIII, hg. von H. Knaus, Graz 1979.

BEIHEFTE ZUM ARCHIV FÜR MUSIKWISSENSCHAFT

Herausgegeben von Hans Heinrich Eggebrecht in Verbindung mit Reinhold Brinkmann,
Carl Dahlhaus †, Kurt von Fischer, Wolfgang Osthoff und Albrecht Riethmüller

1983. VIII, 252 S. m. zahlr. Notenbeisp., Ln. m. Schutzumschlag 3746-2

23. **Werner Breig/Reinhold Brinkmann/ Elmar Budde,** Hrsg.: **Analysen.** Beiträge zu einer Problemgeschichte des Komponierens. Festschrift für **Hans Heinrich Eggebrecht** zum 65. Geburtstag. 1984. XVI, 444 S. m. zahlr. Notenbeisp., Ln. m. Schutzumschlag 3662-8

24. **Martin Zenck: Die Bach-Rezeption des späten Beethoven.** Zum Verhältnis von Musikhistoriographie und Rezeptionsgeschichtsschreibung der *Klassik.* 1986. IX, 315 S. m. zahlr. Notenbeisp., Ln. m. Schutzumschlag 3912-0

25. **Herbert Schneider: Jean Philippe Rameaus letzter Musiktraktat.** *Vérités également ignorées et interessantes tirées du sein de la Nature.* (1764). Kritische Ausgabe und Kommentar. 1986. VII, 110 S., Ln. m. Schutzumschlag 4502-3

26. **Thomas Röder: Auf dem Weg zur Bruckner-Symphonie.** Untersuchungen zu den ersten beiden Fassungen von Anton Bruckners Dritter Symphonie. 1987. 232 S. m. zahlr. Notenbeisp., Ln. m. Schutzumschlag 4560-2

27. **Matthias Brzoska: Franz Schrekers Oper „Der Schatzgräber".** 1988. 209 S. m. zahlr. Notenbeisp., Ln. m. Schutzumschlag 4850-2

28. **Andreas Ballstaedt / Tobias Widmaier: Salonmusik.** Zur Geschichte und Funktion einer bürgerlichen Musikpraxis. 1989. XIV, 458 S., 9 Tab., 22 Notenbeispiele u. 69 Abb., geb. 4936-3

29. **Jacob de Ruiter: Der Charakterbegriff in der Musik.** Studien zur deutschen Ästhetik der Instrumentalmusik 1740–1850. 1989. 314 S., geb. 5156-2

30. **Ruth E. Müller: Erzählte Töne.** Studien zur Musikästhetik im späten 18. Jahrhundert. 1989. 177 S., geb. 5427-8

31. **Michael Maier: Jacques Handschins „Toncharakter".** Zu den Bedingungen seiner Entstehung. 1991. 237 S., geb. 5415-4

32. **Christoph von Blumröder: Die Grundlegung der Musik Karlheinz Stockhausens.** 1993. IX, 193 S. m. zahlr. Notenbeisp., geb. 5696-3

33. **Albrecht von Massow: Halbwelt, Kultur und Natur in Alban Bergs „Lulu".** 1992. 281 S. m. 91 Notenbeisp. u. 5 Abb., geb. 6010-3

34. **Christoph Falkenroth: Die „Musica speculativa" des Johannes de Muris.** Kommentar zu Überlieferung und Kritische Edition. 1992. V, 320 S., geb. 6005-7

35. **Christian Berger: Hexachord, Mensur und Textstruktur.** Studien zum französischen Lied des 14. Jahrhunderts. 1992. 305 S., zahlr. Notenbeisp., geb. 6097-9

36. **Jörn Peter Hiekel: Bernd Alois Zimmermanns** *Requiem für einen jungen Dichter.* 1995. 441 S., zahlr. Notenbeisp., geb. 6492-3

37. **Rafael Köhler: Natur und Geist.** Energetische Form in der Musiktheorie. 1996. IV, 260 S., geb. 6818-X

38. **Gisela Nauck: Musik im Raum – Raum in der Musik.** Ein Beitrag zur Geschichte der seriellen Musik. 1997. 264 S. m. 14 Notenbeisp. u. 27 Abb., geb. 7000-1

39. **Wolfgang Sandberger: Das Bach-Bild Philipp Spittas.** Ein Beitrag zur Geschichte der Bach-Rezeption im 19. Jahrhundert. 1997. 323 S., geb. 7008-7

40. **Andreas Jacob: Studien zu Kompositionsart und Kompositionsbegriff in Bachs Klavierübungen.** 1997. 306 S. m. 41 Notenbeisp., geb. 7105-9

41. **Peter Revers: Das Fremde und das Vertraute.** Studien zur musiktheoretischen und musikdramatischen Ostasienrezeption. 1997. 335 S., geb. 7133-4

42. **Lydia Jeschke:** *Prometeo.* Geschichtskonzeptionen in Luigi Nonos Hörtragödie. 1997. 287 S. m. 41 Abb., geb. 7157-1

43. **Thomas Eickhoff: Politische Dimensionen einer Komponisten-Biographie im 20. Jahrhundert – Gottfried von Einem.** 1998. 360 S. m. 1 Frontispiz und 4 Notenbeisp., geb. 7169-5

44. **Dieter Torkewitz: Das älteste Dokument zur Entstehung der abendländischen Mehrstimmigkeit.** Eine Handschrift aus Werden an der Ruhr: Das *Düsseldorfer Fragment.* 1999. 131 S., 8 Farbtaf., geb. 07407-4

FRANZ STEINER VERLAG STUTTGART